FEDERICO FELLINI © 2009 MEDIANE srl

Author: Gordiano Lupi
Published by MEDIANE srl
Original idea, coordination and development: Claudio Rossi e Paolo Gorlani
Artwork and lay out: Studio Valfré Torino
Translation and text adaptation: Pat Scalabrino along with Paul Carter
Photos copyright: Reporters Associati

ISBN 9788896042076
Catalog Number: CK5506
BISAC CODE: PER012010

First printing March 2009
Printed in EU

Mediane and Cinecult are trademarks of Mediane srl Italy

Gordiano Lupi

FEDERICO FELLINI

MED
mediane

Gordiano Lupi (Piombino, 1960)

Direttore Editoriale delle Edizioni Il Foglio. Ha tradotto i romanzi del cubano Alejandro Torreguitart Ruiz: Machi di carta (Stampa Alternativa, 2003), La Marina del mio passato (Nonsoloparole, 2003), Vita da jinetera (Il Foglio, 2005), Cuba particular – Sesso all'Avana (Stampa Alternativa, 2007) e Adiós Fidel–all'Avana senza un cazzo da fare (A.Car, 2008). I suoi lavori più recenti sono: Nero Tropicale (Terzo Millennio, 2003), Cuba Magica – conversazioni con un santéro (Mursia, 2003), Cannibal – il cinema selvaggio di Ruggero Deodato (Profondo Rosso, 2003), Un'isola a passo di son - viaggio nel mondo della musica cubana (Bastogi, 2004), Quasi quasi faccio anch'io un corso di scrittura (Stampa Alternativa, 2004 - due edizioni in un anno), Orrore, erotismo e pornografia secondo Joe D'Amato (Profondo Rosso, 2004), Tomas Milian, il trucido e lo sbirro (Profondo Rosso, 2004), Serial Killer italiani (Editoriale Olimpia, 2005), Nemici miei (Stampa Alternativa, 2005), Le dive nude - Il cinema di Gloria Guida e di Edwige Fenech (Profondo Rosso, 2006), Il cittadino si ribella: il cinema di Enzo G. Castellari - in collaborazione con Fabio Zanello - (Profondo Rosso, 2006), Filmare la morte – Il cinema horror e thriller di Lucio Fulci (Il Foglio, 2006), Orrori tropicali – storie di vudu, santeria e palo mayombe (Il Foglio, 2006), Almeno il pane Fidel – Cuba quotidiana (Stampa Alternativa, 2006), Sexy made in Italy – le regine del cinema erotico degli anni Settanta (Profondo Rosso, 2007), Coppie diaboliche - dal delitto di Marostica al giallo di Omegna - 34 casi di «crimine a due» 1902-2006 (in collaborazione con Sabina Marchesi - Editoriale Olimpia, 2008), Dracula e i vampiri (in collaborazione con Maurizio Maggioni - Profondo Rosso, 2008), il libro fotografico Mi Cuba (Mediane, 2008) e Fernando di Leo e il suo cinema nero e perverso (Profondo Rosso, 2009). Ha curato e tradotto Cuba libre di Yoani Sanchez (Rizzoli, 2009).

Editorial Director of Edizioni Il Foglio. He has translated into Italian the novels of Cuban author Alejandro Torreguitart Ruiz: Machi di carta (Stampa Alternativa, 2003), La Marina del mio passato (Nonsoloparole, 2003), Vita da jinetera (Il Foglio, 2005), Cuba particular – Sesso all'Avana (Stampa Alternativa, 2007) and Adiós Fidel–all'Avana senza un cazzo da fare (A.Car, 2008). More recent works are: Nero Tropicale (Terzo Millennio, 2003), Cuba Magica – conversazioni con un santéro (Mursia, 2003), Cannibal – il cinema selvaggio di Ruggero Deodato (Profondo Rosso, 2003), Un'isola a passo di son - viaggio nel mondo della musica cubana (Bastogi, 2004), Quasi quasi faccio anch'io un corso di scrittura (Stampa Alternativa, 2004 - two editions in the same year), Orrore, erotismo e pornografia secondo Joe D'Amato (Profondo Rosso, 2004), Tomas Milian, il trucido e lo sbirro (Profondo Rosso, 2004), Serial Killer italiani (Editoriale Olimpia, 2005), Nemici miei (Stampa Alternativa, 2005), Le dive nude - Il cinema di Gloria Guida e di Edwige Fenech (Profondo Rosso, 2006), Il cittadino si ribella: il cinema di Enzo G. Castellari - in collaboration with Fabio Zanello - (Profondo Rosso, 2006), Filmare la morte – Il cinema horror e thriller di Lucio Fulci (Il Foglio, 2006), Orrori tropicali – storie di vudu, santeria e palo mayombe (Il Foglio, 2006), Almeno il pane Fidel – Cuba quotidiana (Stampa Alternativa, 2006), Sexy made in Italy – le regine del cinema erotico degli anni Settanta (Profondo Rosso, 2007), Coppie diaboliche - dal delitto di Marostica al giallo di Omegna - 34 casi di «crimine a due» 1902-2006 (in collaboration with con Sabina Marchesi - Editoriale Olimpia, 2008), Dracula e i vampiri (with Maurizio Maggioni - Profondo Rosso, 2008), the photographic book Mi Cuba (Mediane, 2008) and Fernando di Leo e il suo cinema nero e perverso (Profondo Rosso, 2009). He has translated and edited Cuba libre by Yoani Sanchez (Rizzoli, 2009).

8 Introduzione
Foreword

14 Infanzia e adolescenza a Rimini
Infancy and adolescence in Rimini

32 La nuova vita a Roma
A New Life in Rome

38 Primi lavori per il cinema
Fellini's First Work in Cinema

44 Fellini regista, il periodo giovanile
Fellini The Director – The Early Years

78 La svolta de La dolce vita
La Dolce Vita – A Turning Point

96 Il capolavoro di Otto e mezzo
Otto e Mezzo – The Masterpiece

122 Lo sperimentalismo e la libertà espressiva del Satyricon
Satyricon's Experimentalism and Freedom of Expression

134 Il ritorno all'autobiografismo
The Return To Autobiography

150 L'autobiografia lirica di Amarcord
Amarcord – A lyrical autobiography

162 Il mondo femminile secondo Fellini
The World of Women According to Fellini

182 Le pellicole polemiche e le allegorie sociali
Controversial Films and Social Allegory

204 Film non realizzati che diventano fumetti
Impossible movies turned into comic strips

214 Le ultime pellicole
The last films

234 Oscar alla carriera e morte di un genio
Lifetime achievement: his 5th Oscar. Death of a genius.

248 Fellini tra pubblico e privato
Federico Fellini – His Public and Private Lives

Federico Fellini

Federico Fellini (1920 - 1993) è il più celebre regista italiano e come tale non è inquadrabile in un genere ben definito, anche se la prima parte della sua produzione risente dell'influenza neorealista.

Fellini è un poeta visionario, gira film onirici difficili da catalogare e fa dell'autobiografismo la sua cifra stilistica più marcata. È il regista italiano più citato all'estero e la sua presenza nella storia del cinema resta fuori discussione. La sua opera è un mosaico composito che commuove, diverte, modifica il mondo, rende nostalgici, sognatori e fa spiccare voli pindarici di fantasia. Fellini è un attento osservatore della realtà, ma sa reinventarla, cambiando genere da una pellicola all'altra. Ha uno stile ben riconoscibile, conserva i suoi miti, non gira mai un film che sia la fotocopia del precedente, si mette in discussione e rinuncia a fare cinema se non ne sente l'esigenza. Nonostante tutto è così modesto da definirsi "un artigiano che non ha niente da dire ma sa come dirlo". A volte aggiunge: "Faccio film perché mi piace raccontare bugie, inventare fiabe. E dire le cose che ho visto, le persone che ho incontrato". La poetica felliniana vive di un contrasto, a prima vista inconciliabile, tra fantastico e realismo, due modi opposti di fare cinema che nella sua opera spesso coincidono. Fellini è regista onirico e visionario, da ogni film fa capolino la Rimini della sua infanzia, l'educazione cattolica ricevuta nel collegio di frati, la visione del provinciale che scopre Roma e il gusto per il sarcasmo.

Il conflitto bugia - realtà nel cinema di Fellini è

Federino Fellini

Federino Fellini (1920 – 1993) is Italy's most famous film director and as such his works cannot be pigeonholed into any one clear genre, even though the first phase of his productions were influenced by neorealism.

Fellini was a visionary poet, directing dreamlike works which cannot be easily classified, and autobiographies become his most noted stylistic mark. He's Italy's most renowned director abroad and there can be no doubt about his place in the history of cinema. His works are a kind of mosaic, made up of many different parts that can deeply touch the soul, entertain, change the world, inspire nostalgia, make us dream and embark on Pindaric flights of fancy. Fellini was a careful observer of reality, but he also knew how to reinvent it, changing genre from one film to another. His style is highly recognizable, he remained true to his themes and ideas, and every film he produced was different from the last. He allowed his works to be discussed and criticized, and would freely stop working if he didn't feel the need to go on making films. In spite of everything, he was modest enough to define himself as "a craftsman who has nothing to say but who knows how to say it". He sometimes adds: "I make films because I enjoy telling lies, making up fairy tales. I enjoy sharing the things I've seen, the people I've known". Fellinian poetry is based on a contrast, which at first glance appears to be irreconcilable: fantasy and realism, two completely different film-making styles which often cross over in his works. Fellini was a visionary, mystical director, and in his

ancora un mistero insoluto che fa arrovellare gli studiosi in una ridda di congetture.

In questa sede non interessa più di tanto sapere se il regista riminese ha fatto cinema irrealista o spiritualista e neppure se ha realizzato un realismo dell'anima e un sincero autobiografismo. Sono definizioni che servono agli studiosi e a chi soffre di smanie classificatorie. Per un fruitore di cinema basta un Felini sublime mentitore che tira fuori dalla propria realtà la materia grezza per costruire grandi pellicole con frammenti di irrealtà. Fellini diceva: "Il mestiere di regista è un modo di fare concorrenza al Padreterno. Nessun altro mestiere consente di creare un mondo che assomiglia così da vicino a quello che conosci, ma anche agli altri sconosciuti, paralleli, concentrici" (*Block-notes* di un regista – Longanesi, 1988).

films certain themes always come through: memories of Rimini from his infancy, his Catholic education in a monks' college, his vision of a small-town person discovering Rome and a taste for sarcasm. In Fellini's films, the conflict between lies and truth remain an unresolved mystery, and still has scholars everywhere scratching their heads in a mass of theories and guesses. It is not our aim to define whether the director from Rimini made spiritualist works or irrealism, or if his was a kind of realism of the soul and honest autobiography. These are all definitions required by scholars and those obsessed with classification. All the average cinema-goer needs is one of Fellini's sublime lies, as he extracted raw materials from his own reality to construct great films with fragments of irrealism. Fellini used to say: "The job of a director is to compete with God. No other job allows you to create a world so similar to the one you know, but similar also to other unknown, parallel, concentric worlds" (Block-notes *di un regista – Longanesi, 1988*).

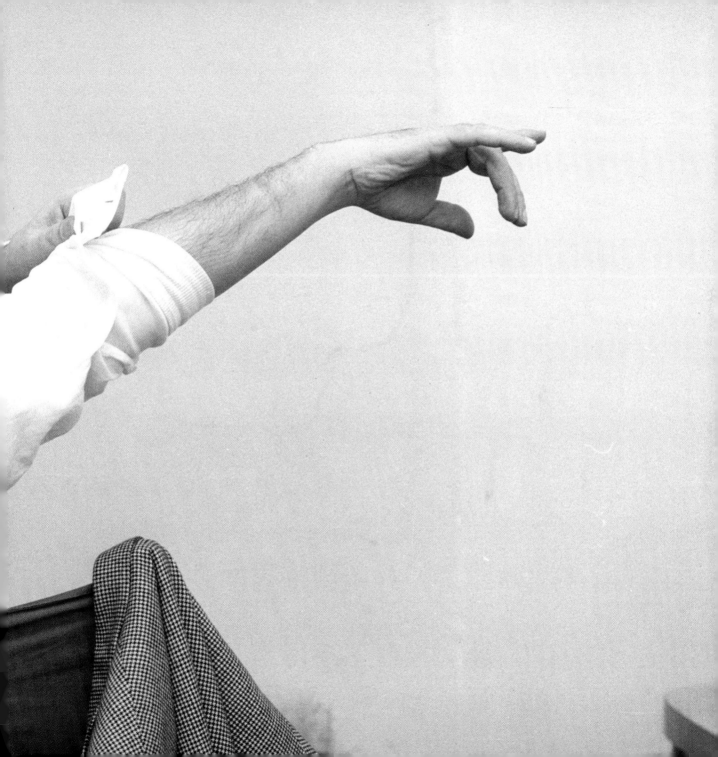

Federico Fellini nasce a Rimini il 20 gennaio 1920 da una famiglia piccolo - borghese e muore a Roma il 31 ottobre 1993.

La madre Ida Barbiani, romana, è casalinga, mentre il padre, Urbano, originario di Gambettola, paese vicino a Cesena, è rappresentante di commercio. La leggenda narra che Federico sarebbe nato su un treno in corsa tra Viserba e Riccione, ma non è vero, come tante notizie autobiografiche costruite ad arte. La vita di Fellini resta sospesa tra realtà e fantasia, anche per merito suo, che contribuisce a creare falsi aneddoti elargiti alla stampa con dovizia di particolari. Federico ha due fratelli: Riccardo, di pochi anni più vecchio e Maddalena, che nasce nel 1929. La famiglia sta bene, in casa non manca niente e la vita non è costellata di privazioni. Il papà non c'è quasi mai, è sempre in giro per lavoro (come il padre di Marcello ne *La dolce vita*), ma è la madre che manda avanti la casa. La mamma è una donna dotata di fantasia, insegna a Federico a usare matite e pastelli, lo segue nella sua passione per il disegno e gli consiglia i primi fumetti. Federico è appassionato lettore del *Corriere dei Piccoli*, ma ha una passione speciale per Little Nemo, un ragazzino sognatore che vive fantastiche avventure in dimensioni oniriche. Forse è proprio dall'amore per questo personaggio e per il fantascientifico Flash Gordon che si forma il suo genio cinematografico. Un'altra presenza importante della sua vita è la nonna, che definirà

Infancy and adolescence in Rimini

Federico Fellini was born in Rimini, on 20th January, 1920, in a bourgeois family. He died in Rome on October 31st, 1993. His mother, Ida Barbiani, native of Rome, was a housewife. His father, Urbano, originally from Gambettola, near Cesena, was a sales representative. Legend would have it that Federico was born on a moving train somewhere between Viserba and Riccione, but as is the case with many autobiographical snippets, this was also made up. Fellini's life was always marked by a curious amalgamation of fantasy and reality. This was particularly evident in his tendency to supply the press with minutely detailed – but made up – anecdotes. Federico had a slightly older brother, Riccardo, and a sister, Maddalena, born in 1929. The family is well-to-do, and their life was in no way deprived of anything. Fellini's father was almost always away on business (like Marcello's father in La Dolce Vita) and so his mother was often in charge of the household. She was a very imaginative woman, and she taught Federico how to use coloured pastels and pencils. She followed his passion for drawing and helped him with his first comics. Federico was an avid reader of the Corriere dei Piccoli, *but held a particular passion for Little Nemo, a vividly imaginative boy who has fantastic adventures in dreamlike dimensions. Perhaps it was his love for the character and that of the popular science-fiction figure Flash Gordon that ignited his cinematographic genius. Another important figure in Fellini's life was his grandmother, who he would define "my true heroine".*

"la mia vera eroina".

A sette anni Federico conosce il circo e sarà amore per tutta la vita. La sua passione esplode subito perché un anno dopo segue una compagnia di girovaghi e passa un'intera giornata con i clown. Quando lo riportano a casa non viene rimproverato, perché la mamma ama il circo e comprende che per il bambino è stata un'esperienza importante. Ritroveremo il circo in quasi tutta la produzione cinematografica di Fellini e forse è proprio da quel giorno che la sua fantasia comincia a costruire sogni. Federico ama il cinema, il circo e la cucina, è un ragazzo che cresce libero in un periodo storico che non conosce la parola libertà. Si appassiona a mettere in scena piccole rappresentazioni per i compagni di giochi in un teatrino improvvisato sul terrazzo di casa. Federico inventa i costumi e le scene, costruisce i burattini, scrive storie e fa vivere i suoi personaggi per un pubblico di amici che comincia seguirlo. Si fa pagare un soldo a persona.

Il suo ruolo di regista gli fa ricordare un passato di piccolo burattinaio: "Mi sembra che sia sempre lo stesso lungo viaggio, con le stesse necessità, gli stessi piccoli drammi, le stesse gioie e soprattutto la stessa soddisfazione di trovarmi lì a dipanare matasse imbrogliate, a fare un pochino, così, una parte di divinità, di burattinaio con dei poteri divini sulle proprie creature e i propri teatrini".

Fellini racconta alcuni aneddoti sulle case dove ha abitato a Rimini, dice di ricordarle tutte meno che la casa natale, in via Fumagalli. La memoria del Fellini adulto ripercorre una gita domenicale in carrozza, rivede suo padre fare un gesto della

At seven years of age Federico saw the circus for the first time, and it would remain the love of his life. He discovered his true passion: one year later he ran away from home to follow a travelling circus group around, and spent the entire day with the clowns. When he was finally taken home, he wasn't punished, because his mother shared his love for the circus and she understood it was an important experience for the child. The circus is to be seen in almost all of Fellini's cinematographical productions, and perhaps it was on that particular day that his imagination began creating his dreams and ambitions. Federico loved the cinema, the circus, and the kitchen. He grew freely in a historical period during which freedom was hard to come by. On the terrace of his home, he enjoyed putting on small plays with his friends in a makeshift theatre. Federico made the costumes and sets, he built the puppets, he wrote the stories and brought his characters to life in front of a public of enthusiastic friends. He took a small payment from each person. His role as a director often reminded him of his past as a little puppet-master: "It always feels like the same long journey, the same necessities, the same small dramas, the same feelings of joy, but most of all, the same satisfaction that comes from making sense from chaos, and therefore playing some heavenly role, having some kind of divine power over my own creations and sets".

Many of Fellini's anecdotes tell of the houses where he lived in Rimini, but the only one he didn't remember was the house where he was born, in Via Fumagalli. The adult Fellini recalled a Sunday out in his buggy: as his father points out one from a row of identical houses in an unknown street, he tells him "That's where you were born". This is the only recollection

mano e indicare una casa uguale a tante altre in un viale sconosciuto. "Sei nato là", dice. Questo ricordo è quel che resta della vecchia casa di via Fumagalli, la casa paterna dimenticata persino dai fantasmi della memoria.

Federico frequenta l'asilo delle monache di San Vincenzo e l'educazione cattolica tornerà sempre alla ribalta nella sua opera, sotto forma di Grazia da ricercare ma anche come elemento da dissacrare. Federico frequenta la prima e la seconda elementare alle scuole Teatini, ricorda un maestro "scazzottatore di alunni che diventava buono solo per le feste, quando i genitori gli portavano i regali". Una memoria indelebile delle scuole elementari è rappresentata anche da canzoni fasciste come *Giovinezza* che il maestro obbligava a cantare a squarciagola. Federico frequenta gli anni successivi delle elementari a Fano, presso il collegio provinciale dei padri Carissimi, è di quel periodo l'incontro con la Saraghina, raccontato in modo mirabile in *Otto e mezzo*. A Rimini torna per il ginnasio, al tempo situato in via del Tempio Malatestiano, dove adesso ci sono la Biblioteca Comunale e la Pinacoteca. Fellini ricorda così quel periodo: "Quello del ginnasio mi sembrava un palazzone altissimo. La salita e la discesa delle scale erano sempre un'avventura. C'erano scale che non finivano mai. Il preside, detto Zeus, una specie di Mangiafuoco, aveva un piede grosso come una Seicento, col quale tentava di ammazzare i bambini. Dava calci da schiantare le schiene. Fingeva l'immobilità, poi, di colpo, arrivava una zampata che ti schiacciava come uno scarafaggio".

Gli anni del ginnasio riportano alla memoria

left of the old house in Via Fumagalli, the paternal home forgotten even by the ghosts of memory.

Federico's early education took place at the San Vincenzo nuns' nursery school, and his catholic upbringing is an ever-present element in his works. It often appears as a state of grace to aspire to, but also as an element there to be desecrated. In the following years, during 1st and 2nd grade of elementary school, Federico went to the Teatini schools, of which he recalled "a teacher who would beat his pupils, and was only nice during holidays, when the parents would bring him presents". One particularly indelible memory from that period is of how the teacher would make them sing fascist songs such as Giovinezza *at the top of their voices. His later elementary school education took place in Fano, at the padri Carissimi provincial college. It was during this period that he met Saraghina, the prostitute. This particular escapade would later be wonderfully portrayed in* Otto e Mezzo. *He returned to Rimini to attend the* ginnasio *(Italian high school). At the time it was situated in Via del Tempio Malatestiano, which now houses the Communal Library and the Pinacoteca. Here's how Fellini remembered the place: "The* ginnasio *seemed to be an enormously tall building. Going up and down the stairs was always an adventure. There were stairways that never seemed to end. The headmaster – a kind of fire-breathing monster who we referred to as Zeus – had a foot as big as a Seicento car, which he would use to try and kill the kids. He used to give us some back-breaking kicks. He'd stand there, immobile, pretending not to notice you, and then all of a sudden he'd kick out and squash us like bugs."*

For Fellini, the ginnasio *years bring back memories of Homer and battles with his classmates: "At school*

del regista Omero e le battaglie tra compagni. "A scuola si leggeva l'Iliade, mandandola a memoria. Ciascuno di noi si era identificato in un personaggio di Omero. Io ero Ulisse, stavo un poco in disparte e guardavo lontano". Pare che Federico, immedesimandosi in Ulisse, già maturasse una voglia di fuga e una propensione per il viaggio. I compagni erano Aiace, Enea, Ettore, Achille e insieme andavano in piazzetta a ripetere la guerra di Troia, a combattere per gioco tra achei e troiani. Era una guerra singolare che si svolgeva a colpi di libri manovrati con la cinghia, modo consueto per portare testi di studio e quaderni a scuola. Capitava pure che i libri venissero sciolti e che i ragazzi si colpissero con le cinghie. La vita provinciale di Rimini era questa. Noia d'inverno tra banchi di nebbia, alberghi chiusi, saracinesche abbassate e mare d'estate con la vita che riprendeva il suo corso. In età adulta Fellini ricorda spesso il Duomo della sua città di provincia, che d'estate diventava ancora più bianco, come un osso di seppia e la notte faceva luce come la luna.

Federico è molto magro, al punto che i compagni lo soprannominano Ghandi e *canocchia*, non si mette in costume perché ha il complesso del fisico gracile. Non è uno studente brillante, ha idee troppo personali per adeguarsi a quelle dei suoi insegnanti. Alla scuola, preferisce il cinema Fulgor, perché nella piccola sala può lavorare di fantasia e lasciare libera la voglia di fuga. Per il resto vive appartato, solitario, cerca modelli letterari come Leopardi per giustificare quel timore del costume, quell'incapacità di godersela insieme agli altri. Forse è per questo motivo che

we would read the Iliad and learn it off by heart. Each one of us would identify with different characters. I was Ulysses. I would stand aside from the others, and look off into the distance." It would seem that having immersed himself in the role of Ulysses, Federico had already developed a longing for escape and a long journey. His classmates were Aiace, Enea, Hector, and Achilles. Together they would go into the town square and, play-fighting, they would recreate the Trojan war. They were peculiar battles, in which the weapons were books, tied together with belts (a common way of carrying one's books to school at the time), with enough of the strap left over to be able to swing. More often than not the books would come loose, and the children would hit each other with just the belt-straps. That was provincial life in Rimini. A boring winter spent in fog, closed hotels and shutters, until summer, when life would begin its natural course again at the seaside. Fellini often recalled how his provincial town's cathedral became even whiter during the summer, like cuttlebone, and during the night it seemed to shine like the moon.

Federico was very thin, and his classmates began calling him Ghandi and canocchia (squill fish). He stopped wearing costumes as he had developed a complex about his frail physique. He wasn't an exceptional student, and his ideas were too personal to be deemed compatible with those of his teachers. He preferred the Fulgor cinema to school, because in that little theatre hall he could work with his imagination and set free his escapist desires. In all other ways he lived isolated, alone, and in literary role-models such as Leopardi, he sought to justify his fear of theatrical costumes, and his inability to let himself go and have fun with others. Perhaps this is the reason that the sea

Con Alberto Sordi durante
un convegno a villa
Medici - 1973

*With Alberto Sordi during a
meeting at villa Medici
1973*

il mare affascina Fellini per tutta la vita, perché è un luogo mai conquistato, rimasto intatto durante l'adolescenza. Ecco perché spesso dal mare provengono mostri, fantasmi e pesci giganteschi, come ne *La dolce vita* e nel *Satyricon*. Federico frequenta il liceo, manifesta grande attitudine per il disegno caricaturale e per il fumetto, al punto che il gestore del cinema Fulgor gli commissiona ritratti di attori celebri da esporre come richiamo. Nell'estate del 1937, Federico Fellini e il pittore Demos Bonini fondano la bottega *Febo*, proprio davanti al Duomo, dove eseguono caricature di villeggianti. Non solo. I due aspiranti artisti fanno ritratti a domicilio alle signore che vengono in villeggiatura. Fellini disegna, mentre Bonini - che è un vero pittore - ci mette i colori.

Nella sua adolescenza, Federico frequenta insieme agli amici il bar di Raoul, a metà del Corso, il ritrovo degli artisti, della gioventù inquieta e degli sportivi, un bar immortalato ne *I vitelloni*. Era il bar dove si facevano pericolosi discorsi politici, ma durante l'inverno era anche il ritrovo dei ragazzi che in estate si spostavano sul mare. "Rimini cambia faccia con il mutare delle stagioni, sono due Rimini diverse in estate e in inverno", ricorda Fellini.

L'adolescenza di Federico è segnata anche dalla scoperta del circo che si ferma davanti alla Rocca, la prigione di Francesca, in un piazzale polveroso dove finisce la città. È proprio qui che Federico conosce il clown Pierino che si esibisce scambiando invettive con i carcerati che attraverso le sbarre gridano frasi oscene alle cavallerizze. A Rimini appartiene anche il ricordo del Grand Hotel, simbolo di ricchezza, lusso e sfarzo orien-

fascinated Fellini throughout his life: it's a place that has never been conquered, and it remained intact during his adolescence. Monsters, ghosts and giant sea-creatures emerge from the sea in films like La Dolce Vita *and* Satyricon *for the very same reason. During secondary school, Federico displayed a talent for caricatures and comics, and the Fulgor cinema manager commissioned him to make portraits of celebrities to hang outside and advertise films. In the summer of 1937, Federico Fellini and the painter Demos Bonini found the* Febo *shop, right in front of the cathedral. Here not only would the budding young artists draw caricatures of the tourists, but they would also go directly to the holiday houses and paint portraits of the ladies there. Fellini would draw, and Bonini – who was a painter by trade – would add the colouring.*

During his teenage years, Federico and his friends would often go to Raoul's bar, halfway down the Corso. This was a meeting-place for artists, restless youths, and sporty types, and the bar was immortalised in I Vitelloni. *It was a place where one could hear dangerous political discussions, but during the winter it also become a home for the kids who would move back to the seaside during the summer.*

"Rimini changes with the alternating seasons. Rimini in summer is a completely different place from that seen in winter", according to Fellini.

Federico's adolescence was also marked by the arrival of the circus, placed opposite the Rocca, *Piero della Francesca's prison, in a dusty square where the town ended. This is where Fellini met Pierino the clown. His show consisted of throwing invectives at the prison's denizens, who would shout obscenities at the circus riders from behind bars. The Grand Hotel is another memory of Rimini's past, a symbol of wealth,*

Realizzazione di un set a
Cinecittà

Set construction at Cinecittà

tale, che durante le sere d'estate diventa Istanbul, Bagdad e Hollywood. Il luogo delle feste estive è proprio il Grand Hotel, dove si sentono i motivi americani di gran moda che durante l'inverno passano sullo schermo del cinema Fulgor.

A Rimini nasce l'amicizia con Luigi Benzi, il Titta di *Amarcord*, che dai banchi del liceo non abbandonerà mai il compagno.

Il giovane Federico manifesta una voglia di fuga dalla provincia, ben espressa ne *I vitelloni* (1953), dove il regista inserisce un personaggio come Moraldo, vero e proprio alter ego che nelle ultime sequenze abbandona il paese natale. "Parto. Dove vado non lo so. Devo partire" dice a un amico che lavora in stazione. "Non stavi bene qua?", domanda il ragazzo. Moraldo non risponde e saluta con la mano.

I vitelloni (1953) è un ritratto veritiero della vita in provincia attraverso le giornate di cinque fannulloni che inventano il quotidiano. L'inverno a Rimini è soltanto noia e rimpianto del tempo perduto, tra amici che si sposano, scappatelle, aspirazioni frustrate, sogni infranti. Nell'ultima scena de *I vitelloni* troviamo tutta l'incertezza di un giovane che comprende come la sua vita non possa finire in provincia, ma non ha certezze sull'avvenire. Federico abbandona Rimini per Roma, spinto da una voglia di fuga e dal tedio della provincia. "L'inverno è terribile. Non passa mai. E una mattina ti svegli. Eri ragazzo fino a ieri e non lo sei più…", fa dire all'intellettuale del gruppo in una scena suggestiva de *I vitelloni*.

Fellini manifesta per tutta la vita un rapporto di odio - amore nei confronti della città natale. "Io a Rimini non torno volentieri. Debbo dirlo. È una

luxury, and oriental magnificence. During the summer evenings it could become Istanbul, Baghdad, or Hollywood. Summertime festivals also took place in the Hotel, and there one could hear the fashionable American songs from the films played at Fulgor cinema during winter.

In Rimini, Fellini met his friend Luigi Benzi, Titta in Amarcord. *Their friendship was never broken after their days together in secondary school.*

Young Federico manifested a clear longing to escape from his small-town surroundings. This desire is highly evident in I Vitelloni *(1953), and the character Moraldo: a genuine alter ego who leaves his home town in the final scenes. "I'm leaving. I don't know exactly where I'll go. I have to leave." he tells a friend who works at the station. "Weren't you happy here?", the friend asks. Moraldo doesn't answer, but simply waves goodbye.*

I Vitelloni *(1953) is an accurate portrayal of provincial life through the actions of five loafers who try to think of ways to get through the day. Winter in Rimini is simply boredom and mourning for lost time, sandwiched in between friends' weddings, illicit affairs, frustrated hopes, and broken dreams. In the final scene we can see all the uncertainty of a young man who understands that his life cannot continue in the province, and yet doesn't know what the future holds for him. Driven by a need to escape the tedium of small-town life, Federico left Rimini for Rome. In one particularly suggestive scene in* I Vitelloni, *the intellectual member of the group declares "Winter is awful. It never ends. And then one morning you wake up. Until yesterday you were a boy, but you're not anymore…".*

All his life, Fellini had a love-hate relationship with

sorta di blocco. Soprattutto mi pare, il ritorno, un compiaciuto, masochistico rimasticamento della memoria: un'operazione teatrale, letteraria. Certo, può avere il suo fascino, un fascino sonnolento, torbido. Non riesco a considerare Rimini come un fatto oggettivo", scrive il regista. Fellini sogna spesso Rimini, i suoi amici, i vecchi compagni di scuola, ma quando torna al paese si sente aggredito dai fantasmi della memoria. Nonostante tutto, continua per tutta la vita a parlare di Rimini e della sua adolescenza. "Pensare a Rimini. Rimini: una parola fatta di aste, di soldatini in fila. Non riesco a oggettivare. Rimini è un pastrocchio, confuso, pauroso, tenero con questo grande respiro, questo vuoto aperto del mare. Lì la nostalgia si fa più limpida, specie il mare d'inverno, le creste bianche, il gran vento, come l'ho visto la prima volta". Questi sono i poetici ricordi di un paese che l'ha visto crescere e dal quale è fuggito per inseguire i suoi sogni.

Fellini sceglie cosa fare della sua vita molto presto, come racconta in una vecchia intervista: "Ho scelto presto una strada, ho saputo subito cosa non avrei fatto. A diciassette anni ho capito che sarei stato un giornalista, un inviato speciale, uno scultore, un pittore, un sarto (ah, che bello i sarti, che andavano dietro i paraventi dove si spogliavano tutte quelle donne!), un attore, un impresario, un burattinaio: e infatti ho fatto poi tutti questi lavori, compresi l'imbianchino e il tappezziere, scegliendo di essere regista". Nelle parole del futuro regista c'è sempre il dubbio che si nascondano simpatiche bugie, immaginazione, cose che dispensa per tutta la vita i suoi interlocutori. Federico non vede il suo futuro come lo

his home town. "I don't particularly like going back to Rimini, it has to be said. There's some kind of mental obstruction. Mostly it seems like a self-satisfied, masochistic dragging up of memories: a sort of theatrical, literary operation. Of course, the idea is not without charm, albeit a sleepy, cloudy kind of charm. I simply cannot think about Rimini in an impartial manner." wrote the director. Fellini often dreamt about Rimini, his friends, his old classmates, but whenever he came to the town he felt under attack by the ghosts of his memories. All this notwithstanding, Fellini spoke all his life about Rimini and his teenage years. "Thoughts of Rimini. Rimini: a word composed of short, straight strokes, little toy soldiers all in a row. I can't express it concisely. Rimini is a jumbled mess, confused, frightening, tender with its clear, deep breaths, the great open emptiness of the sea. Nostalgia is much clearer there, especially at the sea in winter, the white crests, the hard wind, the way I saw it for the first time". These are the poetic recollections of a town that saw him grow up, and from which he ran away to follow his dreams.

Fellini decided at an early age what he was going to do in life, as he tells in an old interview: "I chose my path early on, I knew immediately what I wouldn't do. At 17 I knew I was going to be a journalist, a special correspondent, a sculptor, a painter, a tailor (oh, how wonderful to be a tailor, going behind those screens where women took their clothes off!), an actor, an entrepreneur, a puppet-master: and as a matter of fact I did all those jobs, as well as decorator and upholsterer, and in the end I decided to be a film director." As had always been the case when Fellini talked about his life, there's always that lingering doubt that the future director's words hide charming lies and imagination.

vorrebbero il padre e la madre: "All'inizio i genitori fanno sempre calcoli che difficilmente coincidono con quelli dei figli. Mia madre mi vedeva bene nella carriera ecclesiastica, forse sognava che diventassi il vescovo di Rimini, mentre il papà, che era il lato anticlericale e romagnolo di casa, sarebbe stato felice se fossi diventato un bravo medico o avvocato, e quando ci fu la conquista coloniale dell'Abissinia, aggiunse in buona fede che in Africa c'era molto bisogno di ingegneri". Nessuno in casa Fellini avrebbe immaginato che la vita di Federico sarebbe stata una cosa sola con il mondo della celluloide, al punto che dopo di lui il cinema avrebbe anche potuto chiamarsi con un nome diverso.

Federico did not see eye to eye with his parents over the matter of his future: "In the beginning, parents always make plans that never seem to coincide with those of their offspring. My mother foresaw a career in the church for me; perhaps she dreamed I would one day become the bishop of Rimini. My father – who represented the anticlerical view, typical of the Romagna region – would have been happy to see me become a good doctor or lawyer, and when Abyssinia was colonized, in good faith he added that there was great need for engineers in Africa." Nobody in the Fellini household could have imagined that Federico's life and future were destined only for cinema, and that after his works and influence, cinema could have been referred to with another name.

PAUL EIPPER

UN CIRQUE
EN VOYAGE

Fellini si stabilisce a Roma nel gennaio 1939, ufficialmente per iscriversi a giurisprudenza, ma di fatto per scappare dalla noia della provincia e per fare il giornalista.

Nel 1938, comincia a collaborare come disegnatore di vignette alla *Domenica del Corriere*, che ne pubblica diverse nella rubrica *Cartoline dal pubblico*. La prime collaborazioni professionali sono con l'editore Nerbini di Firenze, che pubblica il settimanale *420* e la rivista a fumetti *L'Avventuroso*, ma anche con la rivista satirica *Marc'Aurelio*, fucina di giovani talenti che costituiranno lo zoccolo duro della commedia all'italiana. Fellini firma fumetti con lo pseudonimo di Fellas, entra in contatto con il mondo del cinema e della radio, frequenta l'ambiente dell'avanspettacolo, conosce Aldo Fabrizi, Erminio Macario e Marcello Marchesi, comincia a scrivere copioni e gag. Per arrotondare dipinge caricature ai soldati alleati in un locale di via Nazionale insieme al giornalista Guglielmo Giusti e al pittore Carlo Ludovico Bompiani. È negli studi dell'EIAR (Ente Italiano Audizioni Radiofoniche) che Federico incontra, nel 1943, la giovane studentessa di lettere Giulietta Masina, interprete del personaggio di Pallina, ideato dal futuro regista, *Le avventure di Cico e Pallina*. È amore a prima vista perché nell'ottobre dello stesso anno Federico e Giulietta si sposano. La coppia avrà un figlio, Pier Federico, nato il 22 marzo 1945, ma morto un mese dopo la nascita. Sarà un dolore che segnerà per sempre, anche se in maniera inconscia,

A New Life in Rome

Fellini moved to Rome in January, 1939. The official reason was to study law, but the real reason behind that was to escape from small-town boredom and become a journalist. In 1938, he began drawing cartoons and sketches for the Domenica del Corriere *newspaper, many being published in the* Cartoline dal Pubblico *(Postcards from the Public) section. His first professional collaboration was with the Nerbini publishing house, in Florence, which produced the weekly magazine 420 and the comic book L'Avventuroso. He also worked on the satirical magazine Marc'Aurelio, this latter publication being a hotbed of young talent that would make up the foundations of Italian-style comedy. During this period, Fellini created comic strips under the pseudonym of Fellas. He also came into direct contact with cinema and radio elements, became a regular in the world of theatre, met show business people such as Aldo Fabrizi, Erminio Macario, and Marcello Marchesi, and began writing scripts and sketches. In order to earn a little extra money, he began drawing caricatures of Allied soldiers in a little shop in Via Nazionale, together with the journalist, Guglielmo Giusti, and the painter, Carlo Ludovico Bompiani. In 1943, in the EIAR studios (Ente Italiano Audizioni Radiofoniche), Federico met Giulietta Masina: the young Arts student who would go on to play Pallina in the future director's film* Le avventure di Cico e Pallina. *It was love at first sight, given that in October of the same year they went on to marry. The couple had a son, Pier Federico, who was born*

la vita del regista.

Fellini non termina gli studi di giurisprudenza, ma lavora per il cinema sin dal 1939 come *gagman*: scrive le battute di alcuni film girati da Macario fra la fine degli anni Trenta e l'inizio dei Quaranta (*Lo vedi come sei, Non me lo dire* e *Il pirata sono io*). Negli anni della guerra collabora alle sceneggiature di una serie di titoli di buona qualità come: *Avanti c'è posto* e *Campo de' fiori* di Mario Bonnard e *Chi l'ha visto?* di Goffredo Alessandrini. Nel 1943, ai tempi di *Roma città aperta*, non è in regola - come molti giovani della sua classe - rispetto agli obblighi militari, è costretto a vivere da clandestino, come se non fosse in vita, privo di tessere per i generi di prima necessità. Federico esce di casa lo stretto indispensabile, teme una perquisizione nazista o della polizia e si crea un nascondiglio in una credenza, ricavata nel vano di una finestra. Viene coinvolto in un rastrellamento il 29 ottobre, passando da Piazza di Spagna, ed è obbligato a salire su un camion tedesco. Si salva usando un espediente da *gag* felliniana, perché finge di riconoscere un ufficiale della Wehrmacht mentre il camion percorre via del Babbuino. Salta fuori e grida: "Fritz, Fritz!", agita le mani, abbraccia il tedesco e alla fine conclude con un gesto di scusa. Ha ottenuto ciò che voleva, perché il camion si è allontanato, l'ufficiale non ha compreso cosa è successo e Federico può andare a rifugiarsi nella vicina via Margutta.

on March 22nd 1945, but who died one month after birth. The terrible pain of this event left its mark on the director, and remained with him – albeit on an unconscious level – all his life.

*Fellini did not finish his law studies, and began working in cinema from 1939 as a gagman, writing lines and witticisms for some of Macario's films in the late 1930's/early 1940's (*Lo vedi come sei, Non me lo dire *and* Il pirata sono io*). During the war, he collaborated on scripts for a series of quality films like Mario Bonnard's* Avanti c'è posto *and* Campo de' fiori*, as well as Goffredo Alessandrini's* Chi l'ha visto? *Like many other youths in 1943 – at a time when Rome had been declared an open city – Fellini had not fulfilled the obligations of military service. As such he lived in a clandestine manner, almost as if he did not exist. Unfortunately, no identification meant no ration card, which consequently led to the impossibility to satisfy even the most basic needs.*

Federico would leave his house only when strictly necessary, fearing being stopped and searched by the Nazis or the police. He fashioned a hiding place: behind a fake sideboard created in a window opening. On October 29th, passing through Piazza di Spagna, he was involved in a military round up, and forced to board a German truck. His escape was the result of a cunning ruse straight out of one of his fellinian *sketches: He pretended to recognize a Wehrmacht officer as the truck passed through Via del Babbuino. Jumping off the truck he shouted "Fritz, Fritz!", waving his hands and hugging the officer, and then ending by offering his apologies for a case of mistaken identity. Thus, Fellini was able to escape. The truck was long gone, the officer didn't realize just what had happened, and Federico was able to take refuge in the nearby Via Margutta.*

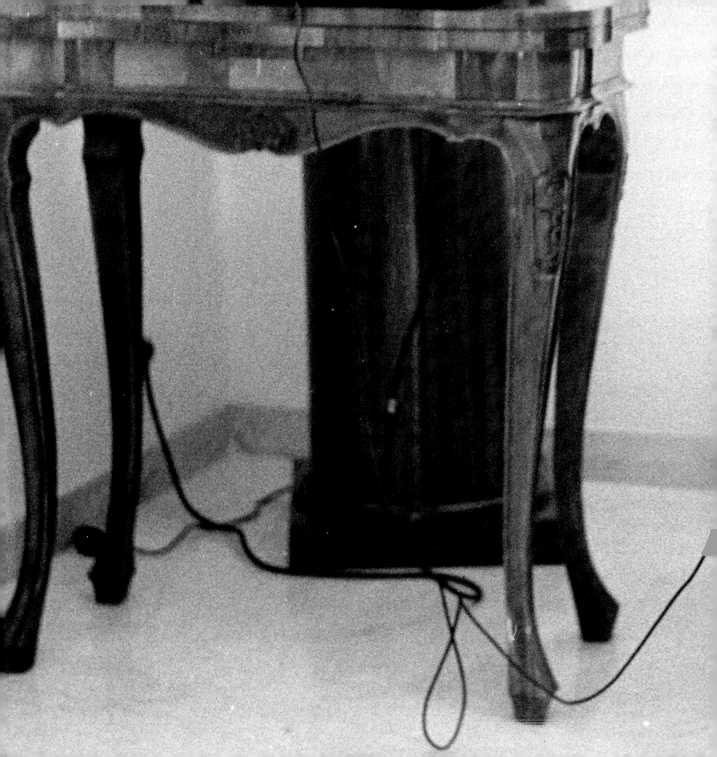

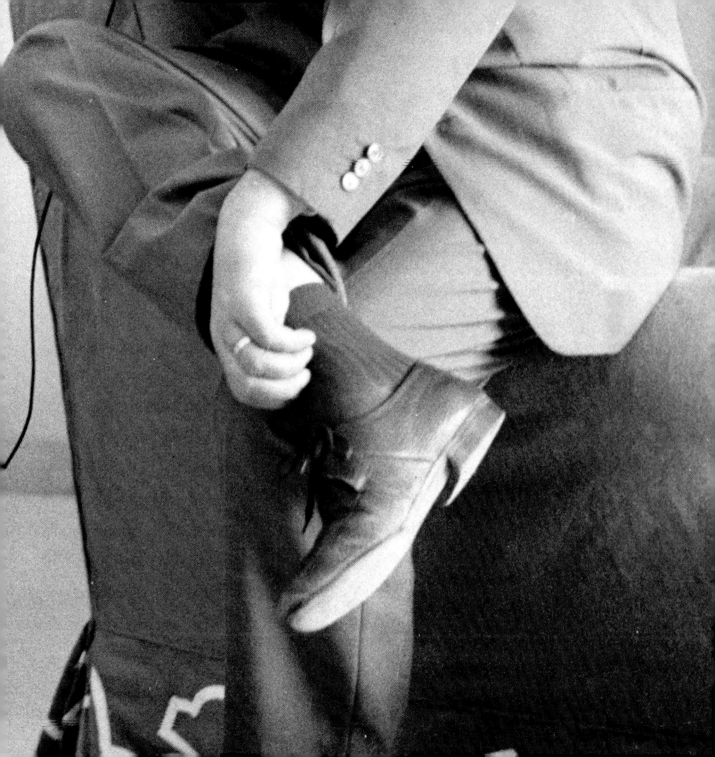

Primi lavori per il cinema

Nel primo dopoguerra incontriamo Fellini tra i protagonisti del neorealismo, come sceneggiatore di alcuni capolavori: Roma città aperta e Paisà, scritti insieme a Roberto Rossellini, con Pietro Germi collabora a In nome della legge, Il cammino della speranza e La città si difende e con Lattuada scrive Il delitto di Giovanni Episcopo, Senza pietà e Il mulino del Po.

La svolta professionale di Fellini è segnata dalla collaborazione con Roberto Rossellini come sceneggiatore di *Roma città aperta*. Soltanto dopo questo lavoro potrà mollare la vendita dei disegni umoristici e delle gag per il cinema.

Roma città aperta (1945) è un film manifesto del neorealismo. L'azione si svolge nella Roma occupata dai nazisti, ma il regista non si limita a raccontare i fatti di guerra e presta attenzione alle vicende della povera gente. Anna Magnani interpreta Pina e viene uccisa nella scena simbolo della pellicola, mentre corre incontro a un camion nazista che porta via il compagno. Il film mette in primo piano personaggi come il parroco del quartiere, interpretato da Aldo Fabrizi, che morirà fucilato per aver cercato di aiutare i partigiani. Un ingegnere comunista (Marcello Pagliero) muore sotto le torture degli aguzzini per non danneggiare la causa, dopo essere stato tradito dalla sua donna (Maria Michi). Federico Fellini collabora insieme a Celeste Negarville alla sceneggiatura di un capolavoro, ispirato alla vera storia di don Luigi Morosini, ridotta per il cinema da Sergio Amidei e Alberto Consiglio.

Un film che racconta un periodo sfortunato della storia d'Italia e che rappresenta una pietra miliare del melodramma storico, sebbene Rossellini abbia utilizzato set di fortuna e pellicola scaduta.

Fellini's First Work in Cinema

The first post-war years saw Fellini as an exponent of neorealism, writing scripts for various masterpieces: Roma Città Aperta *and* Paisà, *written together with Roberto Rossellini. He worked with Pietro Germi on* In Nome Della Legge, Il Cammino Della Speranza, *and* La Città Si Difende, *while he wrote* Il Delitto di Giovanni Episcopo, Senza Pietà, *and* Il Mulino del Po *with Lattuada. The turning point in Fellini's career came during his work with Roberto Rossellini as scriptwriter for* Roma Città Aperta. *Only after this collaboration was he able to stop drawing and selling caricatures and writing gags for films.*

Roma Città Aperta *(1945) is a neorealist film manifesto. The film's events take place in Nazi-occupied Rome. It doesn't simply relate the events of war, but also takes into account the everyday lives of the poorer folk. Anna Magnani plays Pina, and in the film's most highly symbolic moment, she is killed while running after a Nazi truck that has taken away her partner. The film profiles characters such as the neighbourhood's parish priest – played by Aldo Fabrizi – who is executed for trying to help a group of partisans. After being betrayed by his wife (Maria Michi), a communist engineer (Marcello Pagliero) who refuses to reveal important information is tortured to death by his captors. The true story of don Luigi Morosini was adapted to film by Sergio Amidei and Alberto Consiglio, and Federico Fellini worked together with Celeste Negarville on the script for this masterpiece. It's a film that depicts an unhappy time*

Fellini with Roberto Rossellini
at Cinecittà - 1965

Fellini con Roberto Rossellini
Cinecittà - 1965

Roma città aperta vince la Palma d'Oro al Festival di Cannes e il cinema non sarà più lo stesso, soprattutto perché Rossellini opera una decisa rottura con la retorica del periodo fascista.
Il regista più importante del neorealismo instaura con il giovane Fellini un rapporto fruttuoso, al punto che lo vuole accanto anche per *Paisà*, *L'amore* (scrive l'episodio Il miracolo) e *Francesco giullare di Dio*. Fellini lavora molto nel cinema come sceneggiatore, scrive per registi come Alberto Lattuada, Pietro Germi e Luigi Comencini, ma la sua prima opera da regista è *Luci del varietà* (1950), frutto di una collaborazione con Alberto Lattuada.

in Italian history, and represented a new milestone for historical dramas, despite the fact that Rossellini had to use makeshift sets and dated film rolls. Roma Città Aperta *won the Palm d'Or at the Cannes Film Festival and cinema was never the same again: Rossellini triggered a clean break from the rhetoric of the fascist years.*
The neorealist movement's most important director established a fruitful relationship with the young Fellini, and obtained his assistance with Paisà, L'amore *(writing the episode* Il miracolo*), and* Francesco Giullare di Dio. *Fellini wrote a great deal of scripts for the cinema, working for directors such as Alberto Lattuada, Pietro Germi, and Luigi Comencini. However, as fully-fledged director, his first film was* Luci del varietà *(1950), a result of his collaboration with Alberto Lattuada.*

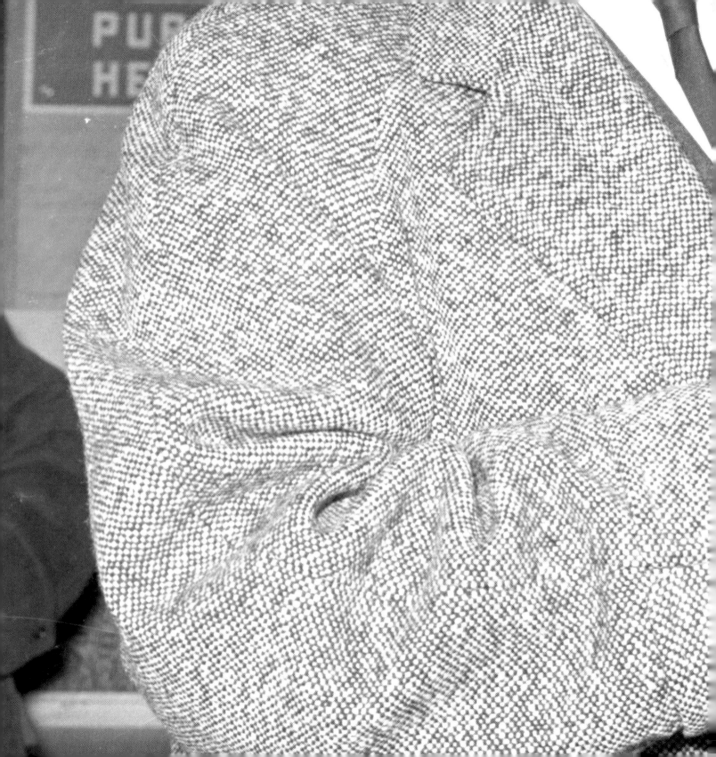

Fellini regista – il periodo giovanile

Luci del varietà (1950) racconta le illusioni e le delusioni di Checco Dalmonte (Peppino De Filippo), un capocomico di una piccola compagnia di avanspettacolo che frequenta gli scalcinati palcoscenici della provincia italiana.

Il guitto prende sotto la sua protezione una bella ragazza (Carla Del Poggio), ma lei lo abbandona per fuggire con un impresario (Folco Lulli) che le promette di portarla al successo. Nel film troviamo anche Giulietta Masina, nei panni di una ragazza innamorata non corrisposta da Checco Dalmonte. Il tema della vita dei comici del varietà viene descritto da Fellini e Lattuada con un mix di nostalgia e amarezza che rende la pellicola ancora oggi attuale. Molti registi hanno sfruttato l'argomento producendo pellicole interessanti ma debitrici di un medesimo canovaccio. Pensiamo a *Basta guardarla* (1970) di Luciano Salce e a *Polvere di stelle* (1973) di Alberto Sordi, tentativi più farseschi di raccontare la vita del teatro. Federico Fellini scrive il soggetto di *Luci del varietà* con stile malinconico e grottesco, mentre la sceneggiatura porta anche la firma di Lattuada, Flaiano e Pinelli. La pellicola è un lavoro minore rispetto alla produzione successiva del regista, ma rivela la componente autobiografica e l'amore per certi ambienti come quello dell'avanspettacolo. Il film si ricorda come uno dei primi lavori interpretati da Giovanna Ralli e da Sofia Loren, che ancora si faceva chiamare Lazzaro.

Luci del varietà potrebbe scoraggiare Fellini dal proseguire nel sogno di fare il regista perché non riscuote alcun successo e per la produzione - fi-

Fellini The Director – The Early Years

Luci del varietà (Variety lights, 1950) tells of the highs and lows of Checco Dalmonte (Peppino di Filippo), head comedian of a small theatre company that tours the more down-at-heel stages of the Italian provinces. This shabby figure takes a pretty girl (Carla Del Poggio) under his wing, but she later runs away and into the arms of an entrepreneur (Folco Lulli) who promises her success. Giulietta Masina also stars in this film, playing the role of a girl with unrequited love for Checco Dalmonte. Fellini and Lattuada depict the lives of variety comedians with a mix of nostalgia and bitterness that renders the film still relevant in this day and age. Scores of directors have since tried to use this theme in their films with interesting results, but which ultimately owe their outline to Luci del varietà. Basta Guardarla (1970) by Luciano Salce, and Alberto Sordi's Polvere di stelle (1973) spring to mind, both more farcical attempts at portraying life in the theatre. In Luci del Varietà, Federico Fellini gives the film's subject a melancholy, grotesque style, while the script bore the mark of Lattuada, Flaiano, and Pinelli. The film was smaller in scale than Fellini's successive productions, but it revealed an autobiographical element, as well as a love for certain settings and surroundings such as the theatre. It's also remembered for being one of Giovanna Ralli's and Sofia Loren's (who at the time still bore the name Lazzaro) first film interpretations.

Luci del Varietà *was a box-office flop, and a disaster for the production team, backed financially by Lattuada himself. This fact should have discouraged*

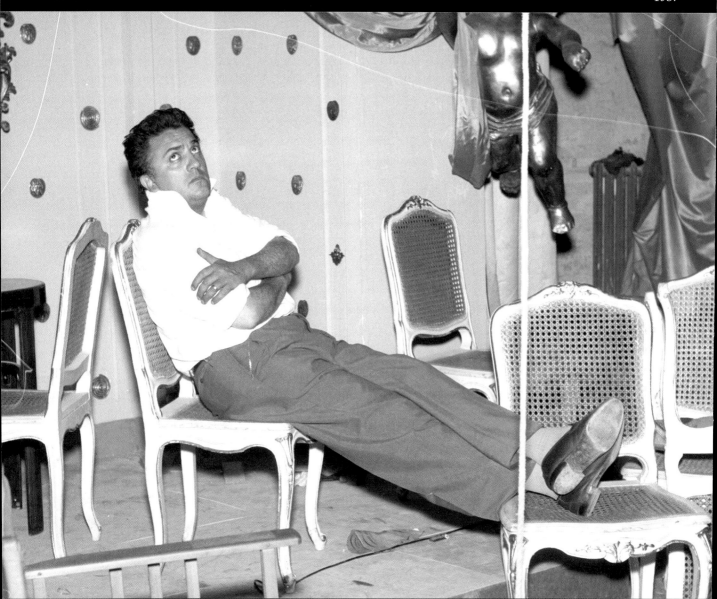

nanziata dallo steso Lattuada - è un brutto colpo. Fellini non desiste e due anni dopo lo troviamo dietro la macchina da presa di una pellicola con piena responsabilità di regia.

Lo sceicco bianco (1952) porta sul grande schermo un giovanissimo Alberto Sordi che interpreta un meschino divo dei fotoromanzi. Brunella Bovo è Wanda, una sposina in viaggio di nozze a Roma, innamorata di un eroe di carta che segue sulle riviste per signore. Wanda si firma *bambola appassionata* e scrive focose lettere d'amore al suo Sceicco Bianco che vuole assolutamente conoscere. Per questo motivo scappa dal marito (Leopoldo Trieste), incontra l'autrice dei fotoromanzi e viene inserita nella troupe che gira un episodio della serie. Leopoldo Trieste è il vero protagonista della pellicola - nei panni di un marito sconvolto dall'improvvisa fuga della moglie - il suo carattere pignolo e programmatore, legato alle tradizioni di famiglia, fa intuire un personaggio che ritroveremo nel cinema di Carlo Verdone. La moglie è una donna ingenua e sognatrice, irretita da Fernando Rivoli (Sordi), lo sceicco dei fotoromanzi, ma alla fine delusa dal suo comportamento. Roberto Benigni ne *Il pap'occhio* (1980) di Renzo Arbore realizzerà una sorta di parodia del personaggio con il suo Sceicco Beige, che entra in scena facendo l'altalena tra gli alberi. Fellini realizza una sorta di cinema nel cinema, filma le riprese di un fotoromanzo ambientato nel deserto, tra pinete che si affacciano sul mare e l'arenile di Ostia. La breve avventura con il divo dei fotoromanzi si conclude in rissa tra la ragazza e la moglie che richiama all'ordine il marito. Alberto Sordi impersona la meschinità di un attore che

Fellini from following his dreams of being a director, but he did not give up. Two years later he was back behind the camera again.

In Lo Sceicco Bianco (The White Scheik - 1952), *a young Alberto Sordi plays the role of a mean-minded magazine picture-story star. Brunella Bovo is Wanda, a newly-wed woman on honeymoon in Rome, in love with the two-dimensional hero in her ladies' magazines. Signing off as* bambola appassionata *(passionate doll), Wanda writes ardent love letters to her White Sheikh, who she desperately wishes to meet. So she leaves her husband (Leopoldo Trieste), meets the picture-story's author, and joins the crew about to film an episode. Leopoldo Trieste – playing a man devastated by his wife's sudden disappearance – is the film's real star. His character is that of an over-meticulous planner, bound to family traditions, and hints at the kind of character seen nowadays in Carlo Verdone's films. His wife is a naïve dreamer, easily seduced by Fernando Rivoli (Sordi), the picture-story's sheikh. In the end, however, she is hurt and disappointed by his actions. In Renzo Arbore's* Il pap'occhio, *Roberto Benigni parodies this character with his Beige Sheikh, entering the film swinging through the trees. What Fellini creates is a kind of film within a film: shooting scenes of a picture-story set in the desert, surrounded by pine groves overlooking Ostia's sea (Rome-s shore) and sandy shore. The actor's brief fling with the newly-wed girl ends in a fight between her and his wife, and he receives a severe scolding for his troubles. Alberto Sordi portrays the meanness of an actor who lies through his teeth so he can bed a naïve young woman, but who in actual fact is entirely dominated by his amazonic wife. The jilted husband makes up an excuse to tell his family,*

Fellini e Pietro Germi
1957

Fellini and Pietro Germi
1957

inventa una serie di fandonie per portarsi a letto la donna ingenua, ma è succube di una moglie giunonica. Il marito abbandonato inventa scuse con i parenti, prova a denunciare la scomparsa alla polizia, ma viene preso per pazzo e alla fine incontra una prostituta di nome Cabiria, interpretata da un'intensa Giulietta Masina. Fellini inserisce una breve citazione del circo con un numero da mangiatore di fuoco che si esibisce nella piazza, mentre Cabiria consola il marito e mangia i confetti. Tutto finisce bene, perché la moglie, ricoverata in ospedale dopo un tentato suicidio, ritrova il marito appena in tempo per l'udienza papale organizzata dai parenti.

Lo sceicco bianco è una pellicola importante, perché rivela la vena autobiografico - fantastica permeata di umorismo grottesco tipica di Fellini. Il regista racconta la mediocrità dei provinciali a Roma, affascinati dal mito cinematografico, costruisce un personaggio perfetto sulla *vis comica* di Alberto Sordi, a metà strada tra il seduttore e il succube di una moglie bisbetica. Fellini affonda lo sguardo ironico e partecipe all'interno del mondo piccolo - borghese e ne mette a nudo vizi e sogni meschini. Il regista scrive la storia insieme a Tullio Pinelli e Michelangelo Antonioni, la sceneggiatura è firmata da Ennio Flaiano, mentre le musiche (con alcuni accenni al mondo del circo) sono di Nino Rota.

I vitelloni (1953) è il film più importante del primo Fellini, un affresco generazionale incentrato su un gruppo di giovani che vivono in provincia, non vogliono diventare uomini e sognano la fuga. Fellini scrive il soggetto, ma per la sceneggiatura si fa aiutare da Ennio Flaiano e Tullio

and tries to report the incident to the police. However, he is dismissed as a madman, and in the end he meets Cabiria, a prostitute, intensely played by Giulietta Masina. The circus theme makes a brief appearance in a scene in which a fire-eater performs in the town square, while Cabiria eats sweets and comforts the husband. All's well that ends well, however: having been hospitalized after a failed suicide attempt, Wanda finds her husband again just in time for a meeting organized by the couple's parents to clear the air and patch up their relationship.

Lo Sceicco Bianco is an important film, as it reveals Fellini's typical inclination for semi-fantastical autobiography, soaked in grotesque humour. Fellini tells a story about the mediocrity of provincial people in Rome, obsessed with big showbiz stars. He creates a perfect character around Alberto Sordi's vis comica: somewhere between the seducer and the classic under-the-thumb husband. Fellini casts an ironic glance on petit-bourgeois life and reveals its habits and miserable dreams. The director wrote the story together with Tullio Pinelli and Michelangelo Antonioni. The screenplay was written by Ennio Flaiano, while the musical score (hinting occasionally at the circus) was created by Nino Rota.

Among Fellini's first films, I Vitelloni (1953) is the most important. It's a broad, generational look at a group of small-town youths, who don't want to become men, and dream of escaping. Fellini wrote the story, but was aided by Ennio Flaiano and Tullio Pinelli for the screenplay. In the film, Rimini represents the Italian province during the 1950's. A place like so many others, where life is squandered in everyday rituals: bars, billiards, the beach, and cinemas that show films already released weeks before in

Sul set de Le notti di
Cabiria con Giulietta
Masina
1957

*With Giulietta Masina on
Le notti di Cabiria set
1957*

Pinelli. Rimini assurge a simbolo della provincia italiana anni Cinquanta, uno dei tanti luoghi dove la vita si consuma in riti quotidiani che comprendono bar, biliardo, spiaggia e cinema di seconda visione. Rimini diventa il modello della noia in provincia, di una vita piatta e sempre uguale che l'inverno rende ancora più monotona. Franco Interlenghi veste i panni di Moraldo, il ragazzo più sensibile, vero e proprio alter ego del regista, che nell'ultima sequenza decide di andare a vivere in città. Alberto Sordi affina le armi del suo personaggio, un burlone che non ha la forza di cambiare, l'eterno mediocre destinato ad annegare nella grigia provincia. Franco Fabrizi è Fausto, un ragazzo affascinante che si sposa, tradisce la moglie, ma alla fine si pente dei suoi comportamenti e accetta la routine familiare. Leopoldo Trieste è uno scrittore con velleità artistiche, così come Riccardo Fellini (fratello del regista) è un cantate che sogna il successo, ma entrambi vivono di aspirazioni frustrate. Achille Majeroni è un capocomico gay che tenta un approccio con lo scrittore e pure lui rappresenta una riuscita macchietta di provinciale.

Si comincia a intravedere il Fellini poetico, anche se *I vitelloni* resta una pellicola dallo sviluppo narrativo tradizionale. Le prime sequenze mostrano un temporale estivo che scaccia il pubblico dalle elezioni di Miss Sirena, musica e pioggia si confondono come in un quadro impressionista a volti sorridenti di donne. Fellini inserisce il personaggio del padre di Fausto per sottolineare la moralità degli uomini d'una volta, severi ma coerenti, soprattutto uomini d'onore. Il padre non esita a frustare il figlio per ricondurlo sulla

larger city cinemas. Life in Rimini is the very model of small-town boredom, where every day is flat, dull, and the same as the last, and where winter just makes things even more monotonous. Franco Interlenghi plays Moraldo, the boy with the most sensitive nature – and the director's alter ego – who decides to move to the city in the film's final scene. Alberto Sordi continues his growth in cinema with his role in the film: a joker who cannot change the course of his life. The very definition of eternal mediocrity, destined to drown in the grey province. Franco Fabrizi is Fausto, a charming young man who marries a girl, and subsequently cheats on her. In the end he regrets his actions and learns to accept the family routine. Leopoldo Trieste plays a writer with hopeless ambitions, and Riccardo Fellini (Federico's brother) takes on the role of a singer dreaming of success. However, their characters' aspirations are forever destined to be frustrated. Achille Majeroni plays a gay theatre company leader who makes a pass at the writer, another provincial character perfectly represented.

In this film we begin to see Fellini's poetic nature, even if the narrative development follows the traditional sequence. The first scene shows a summertime thunderstorm during a Miss Mermaid contest. The public scatters, music and the sound of rain are mixed together like in an impressionist's painting, and the scene is liberally dotted with women's smiling faces. The character of Fausto's father is employed by Fellini to underline the morality of men of a bygone age: strict but consistent, and above all men of honour. He doesn't think twice to hit his son to show him the error of his ways, punishing him for having cheated on his wife and for the distress caused within the family. In provincial Romagna, the vitelloni –

retta via, per punirlo di aver tradito la moglie e di aver causato sofferenze familiari.

I vitelloni della provincia romagnola infastidiscono le ragazze, giocano a biliardo, vivono al bar e non hanno nessuna intenzione di lavorare. Sono ragazzi che prendono il lato frivolo della vita, vogliono divertirsi ma rifuggono dalle responsabilità. Secondo Ennio Flaiano la parola *vitellone* sarebbe una corruzione del termine dialettale *vudellone*, grosso budello, e quindi ragazzo cresciuto, perdigiorno, buono a nulla. Fellini, invece, dice che il *vitellone* è una via di mezzo tra manzo e vitello, termine che in Romagna indica "chi non è più un ragazzino ma non ha un'identità precisa, un ozioso che non sa bene cosa fare di sé". Leopoldo scrive commedie, *insegue sul soffitto i suoi personaggi*. Moraldo vaga di notte per le strade deserte, incontra un ragazzino che lavora in ferrovia, confida tristezze e speranze. Fausto è il playboy da strapazzo, quello che corre dietro a tutte le sottane, dalla sconosciuta incontrata in un cinema periferico alla moglie del datore di lavoro. Alberto è lo scansafatiche che sfrutta la sorella ma quando lei scappa con un uomo sposato è disperato e non sa cosa fare. "Chi sei? Non sei nessuno. Non siete nessuno tutti. Ci dobbiamo sposare, sistemare. Oppure partiamo, andiamo in Brasile…", balbetta ubriaco. Torna il tema della voglia di fuga da una provincia che appiattisce e distrugge giorno dopo giorno. "L'inverno è terribile. Non passa mai. E una mattina ti svegli. Eri un ragazzo fino a ieri. E non lo sei più", conclude sconfortato Leopoldo prima di subire le attenzioni di un attore gay. Un capolavoro di poesia è la ripresa in campo lungo

or slackers – bother girls, play billiards, spend their days in bars, and have no intention of finding a job. They lead a frivolous life, seeking fun and pleasure but avoiding responsibility. Ennio Flaiano opined that the term vitellone was a deformation of the dialectical word vudellone, which was used to define fully-grown, time-wasting, good-for-nothing kids. Fellini on the other hand, claimed that vitellone was a term somewhere between manzo (bullock) and vitello (calf), and that in Romagna, this term would define "those who are no longer little boys, but who do not yet have a precise identity, loafers who don't know what to do with their lives". Leopoldo writes plays, chasing characters around in his mind. In the night, Moraldo wanders the empty streets and meets a young railway worker. In this character, Moraldo finds a confidant with whom he can share his hopes and sorrows. Fausto is a third-rate playboy, chasing anything wearing a skirt: from strangers in cinemas to his boss' wife. Alberto is the slacker who uses his sister to ease his life. When she runs away with a married man, he doesn't have a clue of how to go on. "Who are you? You're no-one. All of you. We have to settle down, get married. Or we could just leave it all behind and go to Brazil…", he babbles in a drunken stupor. Again, we see the theme of a longing for escape from the soul-crushing province. "Winter is awful. It never ends. And then one morning you wake up. Until yesterday you were a boy, but you're not anymore…" is Leopoldo's sad conclusion, just before being on the receiving end of the homosexual actor's advances. The most poetical moment is the wide shot of a deserted beach at the end of summer. A dog runs about on the beach, and the vitelloni walk down it, bored, whiling away the time. Fellini's obligatory ref-

della spiaggia deserta di fine estate, un cane che corre, i vitelloni che passeggiano annoiati per far scorrere il tempo. Fellini non può fare a meno di citare il cinema, vero divertimento popolare degli anni Cinquanta, dove i fidanzati passavano le serate mano nella mano.

Il regista confeziona un ritratto sincero della vita in provincia, tra luci e ombre, illusioni e delusioni, sogni infranti, tristezze che si sommano a rimpianti per una giovinezza perduta. Fellini parla spesso del carattere autobiografico del film, sostiene che lui, Pinelli e Flaiano non avrebbero fatto altro che raccontare ricordi di gioventù. Per contrasto abbiamo letto una vecchia intervista dove il regista afferma di non essere mai stato un vitellone, di non averne mai avuto il tempo, di non aver mai frequentato i vitelloni in vita sua. Tutto questo rientra nella complessa personalità di Fellini, simpatico bugiardo che si diverte a citare falsi aneddoti a seconda della situazione.

Ne I vitelloni c'è poco del futuro amore per gli eccessi barocchi e fantastici, solo le sequenze che riprendono la fine del Carnevale o la tentata seduzione del capocomico gay sullo sfondo del mare in tempesta, fanno presagire un cambiamento. I vitelloni fa conoscere all'estero Fellini che per la prima volta ricorre ai ricordi, all'adolescenza riminese e ai personaggi stravaganti e patetici che ne costituiranno la futura cifra stilistica.

Il film vince il Nastro d'Argento a Venezia, Alberto Sordi è consacrato grande attore con identico premio e passa alla storia del cinema per un volgarissimo gesto dell'ombrello e una pernacchia all'indirizzo di un gruppo di operai che lavora.

erences to cinema are included. Cinema was a truly popular pastime in the 1950's, when young lovers would spend evenings together, holding hands.

The director creates an honest depiction of small-town life, in the midst of light and shadow, hopes and disappointments, broken dreams, sorrows and regrets over lost youth. Fellini often spoke of the film's autobiographical nature. He claimed that he, Pinelli and Flaiano were merely recalling experiences from their own lives as young men. However, an old interview with the director reveals that he had never been a vitellone, that he'd never had time for it, and that he'd never spent time with other such slackers. This is all part of Fellini's complex personality: a charming liar who enjoyed telling made-up anecdotes when it suited him.

In I Vitelloni there is little suggestion of Fellini's future love for baroque excesses and fantasies. Only the scenes depicting the end of Carnevale, and that of the gay actor's attempted seduction of the writer against a stormy seaside backdrop hint at a change in style. For the first time, Fellini looks back on his adolescence in Rimini, and on the characters – both extravagant and pathetic – that will make up his future trademark style, and he made an international name for himself with I Vitelloni.

The film won the Nastro d'Argento at the Venice Film Festival, and Alberto Sordi's superb performance was also rewarded with the same prize. The scene in which he makes an obscene gesture and blows a raspberry at a group of workmen by the side of the road has gone down in Italian cinema history.

Amore in Città (1953) is a film split into episodes written by Cesare Zavattini, and directed alternately by Dino Risi, Michelangelo Antonioni, Federico

Con l'Oscar a Ciampino
1957

In Ciampino with the Oscar
1957

Amore in città (1953) è un film a episodi scritto da Cesare Zavattini e diretto da Dino Risi, Michelangelo Antonioni, Federico Maselli, Cesare Zavattini, Alberto Lattuada e Federico Fellini.

La natura dell'operazione è espressa dai titoli di testa dove si legge: "Lo spettatore - Rivista cinematografica, anno 1953, n. 1, diretta da Cesare Zavattini, Riccardo Ghione e Marco Ferreri". Si tratta di una pellicola sperimentale sulle varie sfaccettature dell'amore.

Carlo Lizzani indaga sulla vita delle prostitute (*L'amore che si paga*), Dino Risi descrive il ballo delle domestiche (*Paradiso per quattro ore*), Michelangelo Antonioni fa parlare alcuni mancati suicidi per amore (*Tentato suicidio*), Federico Maselli e Cesare Zavattini raccontano la vita di una domestica che abbandona il figlio illegittimo (*Storia di Caterina*), Alberto Lattuada si segnala come cantore delle grazie femminili (*Gli italiani si voltano*) e Federico Fellini racconta la storia di un giornalista che finge di cercare moglie ed entra nel mondo delle agenzie matrimoniali (*Agenzia matrimoniale*). L'episodio diretto da Fellini è fra i più riusciti, soprattutto per la piacevole vena fantastica inserita nella trama. Il giornalista conduce un'inchiesta sulle agenzie matrimoniali e cerca moglie per un amico licantropo, sicuro che verrà deluso nelle sue aspettative. L'agenzia trova una ragazza semplice che accetta di sposare l'uomo nonostante la malattia, certa che finirà per volergli bene. Il film nasce da un'idea di Zavattini che voleva realizzare l'idea teorica del *pedinamento cinematografico* per aprire nuove strade al neorealismo. *Amore in città* dovrebbe essere il primo numero di una rivista semestrale intito-

Maselli, Cesare Zavattini himself, Alberto Lattuada, and Federico Fellini.

The nature of the project was expressed by the title screen at the beginning: "The audience – Cinematographic review, 1953, n. 1, directed by Cesare Zavattini, Riccardo Ghione, and Marco Ferreri". It was an experimental film that discussed the various facets of love.

*Carlo Lizzani looks into the lives of prostitutes (*L'Amore Che Si Paga*), while Dino Risi investigates everyday relationships in dance halls (*Paradiso Per Quattro Ore*). Michelangelo Antonioni looks at a group of people and their failed suicide attempts (*Tentato Suicidio*). Federico Maselli and Cesare Zavattini's episode is the story of a maid who abandons her illegitimate son (*Storia di Caterina*). Alberto Lattuada marks himself as a supporter and admirer of feminine graces (*Gli Italiani si Voltano*), and Federico Fellini tells the story of a journalist who pretends to be on the lookout for a wife in order to enter and explore the world of marriage agencies (*Agenzia Matrimoniale*). Fellini's episode was one of the most successful efforts, particularly due to the plot's pleasantly fantastical streak. The journalist conducts an investigation into marriage agencies, and orders a search for a wife for a lycanthrope friend of his, in the certainty that the conditions of his request will not be met. However, the agency finds a simple girl who is willing to marry the man in spite of his illness, and who is certain to end up loving him. The entire film came from one of Zavattini's ideas: he wanted to develop the idea of* pedinamento cinematografico *(the concept of following ordinary characters as they go about their everyday activities) in order to open up new possibilities for neorealism.*

Sul set de La strada
1954

La strada set
1954

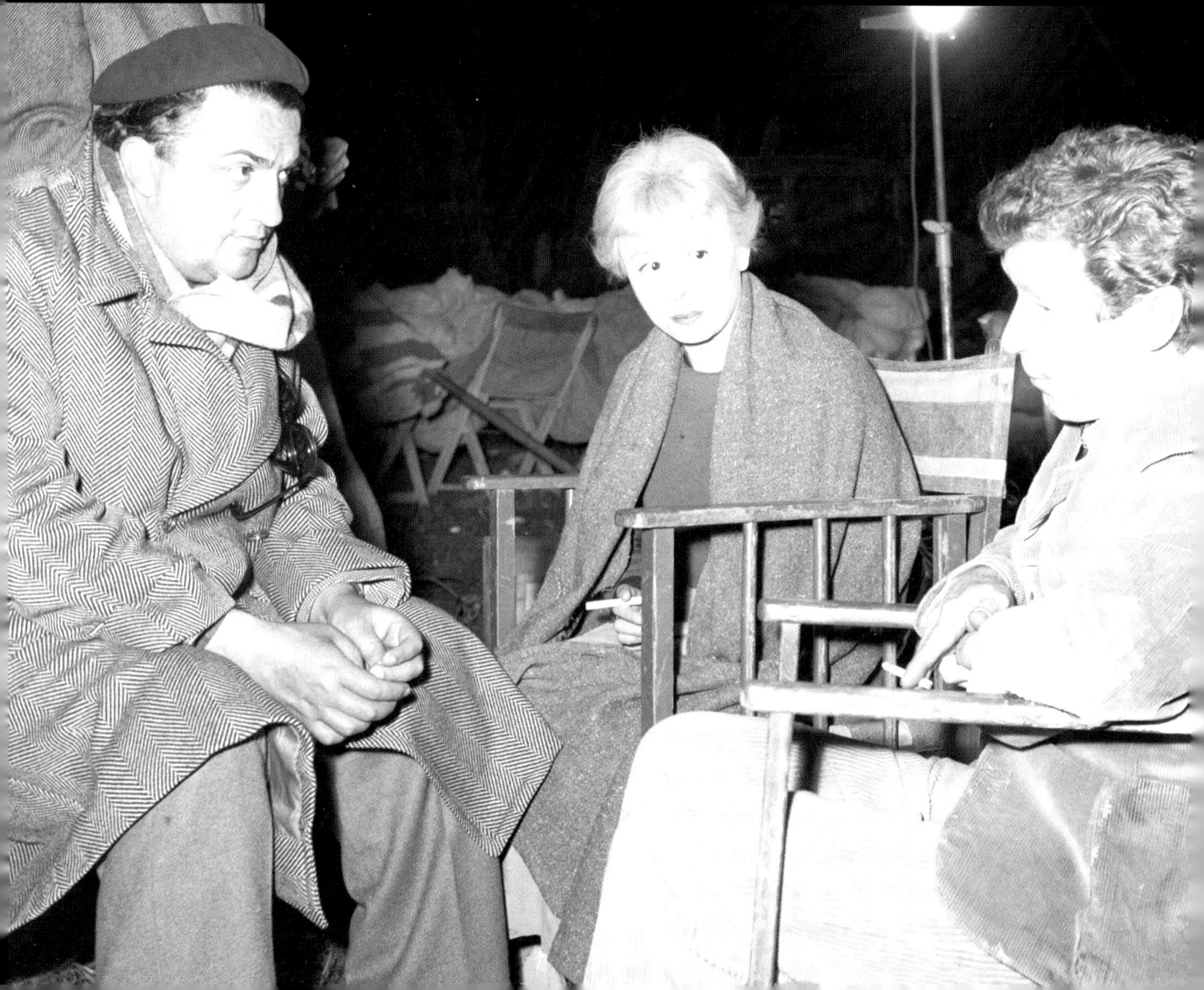

lata *Lo Spettatore*, ma l'insuccesso al botteghino sconsiglia di proseguire nell'esperimento.

I primi film di Fellini sono atipici per il periodo storico. Fellini è un ideologo del movimento neorealista, autore di molti soggetti, sceneggiature dialettali (*Campo de' fiori*) e grande collaboratore di Rossellini, ma come regista evade dal solco neorealista. La sua cifra stilistica tiene conto del realismo, ma lo modifica con gli strumenti del fantastico, della fiaba, del ricordo che si fa rimpianto e bozzetto nostalgico. In questo senso è importante *La strada* (1954), una favola commovente girata sullo sfondo delle periferie romane, sul lungomare di Ostia, ma pure in mezzo alla neve dell'Appennino. Giulietta Masina è la dolce e ingenua Gelsomina, una ragazza venduta dalla madre all'attore girovago Zampanò (Anthony Quinn). Il rapporto tra la donna e il rozzo datore di lavoro comincia in modo rude, ma poi si modifica in una sorta di affetto a senso unico. Gelsomina sembra un'ingenua donna innamorata che tenta di cambiare Zampanò, indossa una buffa maschera da clown e sfoggia espressioni che ricordano la mimica di Charlie Chaplin e di Stan Laurel. Zampanò non può cambiare, la sua indole è quella del violento uomo di strada che si ubriaca e frequenta prostitute. Gelsomina conosce un bislacco equilibrista che si fa chiamare Il Matto (Richard Basehart) e in poche scene il regista sottolinea il contrasto tra follia e ingenuità. Gli occhi spauriti di Gelsomina incontrano lo sguardo furbo e divertito del Matto, che prende in giro tutti, anche se il bersaglio preferito resta Zampanò. Fellini inserisce una parentesi sul mondo del circo, presentando un gruppo

Amore in Città was supposed to have been the first of a series of six-monthly cinematographic reviews called Lo Spettatore *(The audience), but the lack of box-office success meant that the experiment would not continue.*

Fellini's first films were atypical of the historical period. Fellini was an ideologist of the neorealist movement. He wrote a great many stories and screenplays in dialect (Campo de' Fiori) and he often worked together with Rossellini. As a director, however, he tended to stray from the neorealist path. His style took realism into account, but then modified it with elements of fantasy, fairy-tales, memories, and nostalgic outlines. In this sense, La Strada *(1954) was an important film. It's a moving tale shot against a background of the Roman outskirts, the Ostia promenade, but also in the snow on the Apennines. Giulietta Masina plays the sweet, but naïve Gelsomina, a young girl sold by her mother to Zampanò, a travelling performer played by Anthony Quinn. The relationship between the young lady and her ill-mannered employer is harsh and difficult at first, but in time, a one-way affection develops. Gelsomina seems to be a naïve young woman in love, trying to change Zampanò and his manners. She puts on an amusing clown mask and makes faces that bring to mind Charlie Chaplin and Stan Laurel. Zampanò cannot change. He is by nature a violent man of the streets, a drunkard who frequents prostitutes. Gelsomina meets an eccentric tightrope walker played by Richard Basehart. He calls himself* Il Matto *(the fool), and in just a few scenes the director underlines the difference between madness and naivety. Gelsomina's frightened eyes meet il Matto's sly and mocking glance. He makes fun of everyone, but his favoured target is*

Giulietta Masina sul set de
La strada
1954

*Giulietta Masina, La strada
set*
1954

di girovaghi che si esibisce sotto uno scalcinato tendone. Un bel ricordo del circo d'una volta è rappresentato dal numero con la tromba, provato da Gelsomina in compagnia del Matto. I protagonisti della storia sono dei simboli: Gelsomina (il sentimento e l'ingenua dolcezza), Zampanò (la forza bruta, la violenza, la bestialità) e Il Matto (la follia che diventa saggezza). Zampanò intrattiene il pubblico con il numero delle catene aperte con la forza dei muscoli pettorali e con la gag dell'ignorante che pronuncia *ciufile* invece di *fucile*. Gelsomina è una mite assistente innamorata, ma il rozzo padrone la tratta come un animale, frustandola quando non pronuncia bene il suo nome, intimando ordini secchi e perentori. Il Matto è un equilibrista da circo che si esibisce a quaranta metri di altezza, parla con un buffo accento toscano, prende in giro Zampanò, ma è gentile con Gelsomina. La fantasia di Gelsomina incontra la follia del Matto, che la spinge a non lasciare Zampanò, perché sotto la sua rude scorza potrebbe battere un cuore capace di sentimenti. "Forse ti vuol bene. E poi se non ci stai tu con lui chi ci sta? Tutto quello che c'è a questo mondo serve a qualcosa…", dice Il Matto. Gelsomina si convince che Zampanò potrebbe volerle un po' di bene, anche se pare incapace di provare sentimenti, o forse non li sa esprimere. La tragedia si compie quando Zampanò ritrova Il Matto, lo colpisce con un violento pugno e lo uccide facendogli battere la testa sullo spigolo dell'auto. Zampanò si libera del corpo e mette in scena un finto incidente. Gelsomina impazzisce: la sua ingenuità non resiste davanti alla cruda realtà e comincia a balbettare che "Il Matto sta

always Zampanò. Fellini once again uses the them of the circus, with his depiction of a travelling circus group who perform shows under a shabby big-top. The circus of a bygone era is fondly remembered, with a tune on a trombone, played by Gelsomina together with the Fool. The story's protagonists all symbolize something: Gelsomina represents sentiments and innocent sweetness, Zampanò symbolizes brutishness and violence, while the Madman represents madness which becomes wisdom. Zampanò's act consists of breaking chains through brute force, as well as playing a generally ignorant character, mispronouncing words or mixing their syllables. Gelsomina is his mild-mannered assistant. Her harsh master, however, treats her like an animal. He whips her when she mispronounces his name, and barks irrefutable orders at her. The Madman walks a tightrope forty metres off the ground. He talks with a comical Tuscan accent, and mocks Zampanò, but treats Gelsomina kindly. Gelsomina's fantasy and imagination meet with the tightrope walker's madness, and this gives her the strength stay with Zampanò: she realizes that under his harsh, rude exterior, there is a heart that could one day be capable of feeling. "Maybe he loves you. Besides, if you won't stay together with him, who would? Everything exists for a reason…" says the Fool. Gelsomina manages to convince herself that Zampanò may harbour some feelings for her, even though he appears incapable of feeling, or at least incapable of expressing his sentiments. Zampanò finds the Fool, and the tragic act is carried out to its end. They fight, and the Fool dies when he falls and bangs his head. Zampanò gets rid of the body and stages a fake car accident. Gelsomina goes mad: her naivety can't stand up to crude reality, and she begins to stut-

Alla prima di Le notti di
Cabiria
1957

Le notti di Cabiria premiere
1957

male". Gelsomina non mangia, non riesce a lavorare, piange e si lascia deperire. Zampanò cerca di scusarsi: "Non volevo ammazzarlo". Gelsomina è in preda alla follia: "Voi l'avete ammazzato. Io volevo scappare. Me l'ha detto lui di restare con voi". Zampanò fugge durante la notte, abbandonando la ragazza al suo destino con un po' di soldi in tasca, sotto una montagna, ma vicino a un piccolo paese. Passano gli anni, Zampanò entra a far parte di un circo, un giorno si ferma proprio nel paese dove abbandonò la sua assistente e viene a sapere che Gelsomina è morta. Il finale è drammatico e commovente, ma soprattutto intriso di una stupenda poesia che rappresenta la cifra stilistica di Fellini. La bestia scoppia a piangere in riva al mare e comprende di aver perso la sola persona importante della sua vita. La macchina da presa inquadra un volto rigato di pianto e le mani che si spingono sulla spiaggia a stringere granelli di sabbia che scivolano tra le dita.

Anthony Quinn presta un volto truce per la caratterizzazione del forzuto Zampanò, mentre Giulietta Masina è l'attrice simbolo di Fellini per questo tipo di interpretazioni. Nino Rota compone una strabiliante colonna sonora, forse la migliore della sua carriera, per caratterizzare una pellicola dolce e commovente. Tullio Pinelli ed Ennio Flaiano collaborano alla sceneggiatura, ma il soggetto è del regista che descrive il suo mondo interiore intriso di sentimento. Fellini realizza un'opera poetica che vince l'Oscar come miglior film straniero e il Leone d'Argento a Venezia.

Molti critici affermano che *La strada* sarebbe un

ter, claiming that "Il Matto isn't well". She doesn't eat, she can't work, she cries and begins to pine away. Zampanò tries to apologize: "I didn't mean to kill kim", and Gelsomina gets carried away by her madness: "You killed him. I wanted to leave. He told me to stay with you". Zampanò runs away that night. He leaves the girl to her destiny with a little money, at the foot of a mountain, near a small town. The years go by and Zampanò joins a circus. One day the group stops by at the very town where he had abandoned his assistant, and he learns that Gelsomina is now dead. The grand finale is dramatic and moving, but above all it's woven together in a beautifully poetic manner that was Fellini's stylistic trademark. The beastly man bursts into tears by the sea, as he realizes he has lost the only person who ever meant anything to him. The camera focuses on a tear-streaked face, and hands that push into the sand, as the grains slip through his fingers.

Anthony Quinn shows a fierce, cruel side in his portrayal of the strongman Zampanò, while Giulietta Masini proves to be Fellini's symbolic actress for this kind of role. Nino Rota composed an astonishingly beautiful soundtrack – perhaps the greatest of his career – to accompany a sweet, touching film. Tullio Pinelli and Ennio Flaiano collaborated on the screenplay, but the story was written by the director and it contains all of his inner sentiments. Fellini created a poetic masterpiece that won the Oscar for Best Foreign Film, and the Leone d'Argento *award at the Venice Film Festival.*

Many critics claim that La Strada *is overrated, being characterized by* a miserabilist and pathetic poetry that seems a bit too convenient *(Meneghetti). This view is not shared by us, however, as the sto-*

film sopravvalutato, perché caratterizzato da una *poetica miserabilista e patetica che suona un po' facile* (Mereghetti). Non possiamo concordare, perché la storia è originale e commovente, interpretata da attori ben calati nei personaggi e simbolica al punto giusto. *La strada* è uno dei film più teneri e poetici di Fellini, che immortala la storia di due artisti girovaghi in viaggio attraverso la povera Italia degli anni Cinquanta. Il regista pone l'accento sul rapporto psicologico che lega i personaggi, soprattutto sul legame di riconoscenza e sottomissione tra Gelsomina e Zampanò. Un film come *La strada* è una svolta radicale nei confronti del neorealismo e definisce i tratti essenziali della poetica di Fellini. Il regista cita questa pellicola come uno dei suoi film più autobiografici, ma non è dato sapere quanto sia vero, vista la sua fama di simpatico bugiardo. Il regista in alcune interviste sostiene che Zampanò sarebbe "un uomo conosciuto al circo quando avevo quindici anni", in altre "un castraporci che calava ogni tanto su Gambettola, dove aveva casa mia nonna Franceschina e dove io passavo le vacanze, una specie di uomo nero con una parannanza piena di sangue che terrorizzava le donne e di cui le bestie per alcuni giorni presentivano l'arrivo lanciando grida altissime". Non basta. Altre interviste parlano di un uomo incontrato dalle parti di Viterbo, mentre Giulietta Masina ha sostenuto che la storia è nata intorno alle suggestioni suggerite al marito dalla sua maschera da clown.

Il bidone (1955) riporta alle atmosfere de *I vitelloni*, ma la scena è cambiata. Non siamo più in provincia, ma a Roma e i protagonisti sono un

ry is original and moving, and the actors immerse themselves perfectly in their roles and symbolism. La Strada *is one of Fellini's sweetest, most poetic films, immortalising the story of two artists travelling across an impoverished Italy in the 1950's. The director places particular importance on the psychological rapport that links the characters, especially on the link between recognition and submission between Gelsomina and Zampanò.* La Strada *represents a radical turnaround towards neorealism, and defines the essential traits of Fellini's poetry. He claims this to be one of his most autobiographical films. However, it is not known to what extent this may be true, given his fame as a harmless, smiling liar. In some interviews, Fellini claims that Zampanò was "a man I met at the circus when I was fifteen years old". In others he claims the character was based on "a butcher who would arrive every now and then in Gambettola, where my grandmother Franceschina used to live, and where I would go during the holidays. A kind of bogeyman with a bloody butcher's apron who would terrify the woman, whose animals would feel his coming and fill the air with their terrified cries". But all this isn't enough. Some interviews reveal he was a man Fellini met near Viterbo, while Giuletta Masina has claimed that her husband got the idea while she had been wearing her clown mask.*

The ambience in Il Bidone *(1955) is similar to that used in* I Vitelloni, *but the setting changes. The film is no longer set in the province, but in Rome, and the protagonists are now a gang of cynical conmen. Fellini uses three symbolic characters who represent three different examples of humanity. Broderick Crawford is Augusto, a small-time swindler whose age has crept up on him during a life of modest*

Fellini e Angelo Rizzoli
con i Nastri d'Argento
1958

*Fellini and Angelo Rizzoli
with the Nastri d'Argento
prize
1958*

gruppo di cinici truffatori. Fellini ricorre a tre personaggi simbolici che impersonano ben definite tipologie umane. Broderick Crawford è Augusto, un piccolo imbroglione invecchiato tra modeste truffe, Franco Fabrizi è il cinico Roberto, mentre Richard Basehart è il tenero pittore fallito che tutti chiamano Picasso. I tre malfattori risultano persino simpatici nel loro eccessivo travestimento ecclesiastico studiato per rubare soldi agli ingenui. Augusto giunge in un cascinale con i suoi compari e truffa una famiglia di contadini con la scusa di una confessione terminale che parla di un falso tesoro. A un certo punto Augusto vorrebbe cambiare vita perché ritrova la figlia Patrizia (Lorella De Luca), ignara della sua attività criminale. La ragazza viene a sapere della vita sconsiderata del padre all'uscita da un cinema, quando la polizia arresta il genitore, accusato di truffa. Augusto esce di galera e non trova più i vecchi amici perché Roberto si è sistemato e Picasso si è messo sulla retta via. Augusto non ce la fa a venir fuori dalla malavita, ma finisce per cadere in un giro peggiore e non scampa alla propria sorte. La sua ultima truffa lo porta al disprezzo per se stesso, quando comprende che i soldi sottratti dovevano servire per la figlia paralizzata di un contadino. Augusto pensa alla figlia che non ha denaro per proseguire gli studi, decide di tenersi il bottino, ma scatena la reazione dei compari. Augusto finisce con la colonna vertebrale spezzata, abbandonato come una bestia, agonizza a lungo prima di morire e pensa alla sua vita infelice.

La morale di fondo è abbastanza simile a quella de *La strada*, pure se il finale è molto più violen-

frauds. Franco Fabrizi plays the cynical Roberto, while Richard Basehart takes on the role of a sweet, failed painter who everyone calls Picasso. The three crooks manage to be likeable even in the excessive ecclesiastical disguises they don in order to steal money from the unwary. Augusto and his partners in crime enter a farmstead and they cheat the family of farmers by means of a false deathbed confession that speaks of a great – and equally false – hidden treasure. At one point, Augusto considers changing his way of life when he meets his daughter, Patrizia (Lorella De Luca), who is unaware of her father's illegal activities. However, she soon learns of his criminal ways when he is arrested for fraud as they leave a cinema. When Augusto gets out of prison, he cannot see his old friends, as Roberto has sorted himself out, and Picasso has made a clean break from the old life. Augusto cannot escape from his life of crime. Instead, he actually ends up sinking in deeper, and thus is his fate decided. His last fraud leads to self-contempt, when he learns that the money he steals was meant for a farmer's paralysed daughter. Augusto thinks of his daughter, and the money she needs to continue in her studies. He decides to keep the money for himself, incurring the wrath of his accomplices. They beat him savagely, breaking his spinal column and leaving him like an animal. He lays there on the point of death for a long time, reflecting on his unhappy life before finally dying.

The moral is quite similar to that in La Strada, *although the finale is much more violent.* Il Bidone *has a more complex plot, but does not have the same poetic feel of its predecessor. This despite the fact it again contains the theme of "a score to be settled" with a preternatural entity. The cast's performances*

to. *Il bidone* è più complesso come trama, ma non ha la stessa poesia della pellicola precedente, pure se risulta confermato il tema dei *conti da rendere* di fronte a un'entità soprannaturale. L'interpretazione degli attori è perfetta, ma il limite dell'operazione sta in un certo rallentamento del ritmo narrativo e in qualche salto di ispirazione. Augusto è un personaggio spiacevole, concreto e ben descritto dal regista che con dure pennellate dipinge un meschino mondo interiore. Federico Fellini, Ennio Flaiano e Tullio Pinelli scrivono un film che contiene i temi autobiografici cari al regista: i vitelloni, la provincia, la strada, il fatalismo, tanta introspezione dolorosa e una religiosità di fondo. *Il bidone* è una tappa che rappresenta un punto fermo tra i film giovanili e i capolavori della maturità, ben ambientato, ricco di elementi introspettivi e di una drammaticità dolorosa che non scade nel patetico. Fa capolino l'elemento religioso, perché i personaggi sono alla ricerca di una Grazia che possa riscattarli da un'esistenza che li rende soli e insoddisfatti. Giulietta Masina è la donna di Picasso, il carattere più debole della storia, ma il ruolo è di secondo piano. Il vero dramma felliniano è incentrato nella figura di Augusto, truffatore fino alla fine, che va incontro a un destino ineluttabile. La fotografia espressionista di Otello Martelli e le musiche intense di Nino Rota completano un lavoro formalmente perfetto. *Il bidone* doveva durare oltre due ore, ma venne tagliato in fase di montaggio per renderne possibile la visione in sala. Non viene apprezzato a Venezia, al punto che un indisposto Fellini comincia a snobbare i festival del cinema. In compenso è un film che ottiene

are perfect, but the film suffers from somewhat from a slowing of narrative rhythm and a lack of inspiration in certain scenes. Augusto is a disagreeable, soundly written character. The director uses hard brush strokes to depict a harsh, mean inner world. Federico Fellini, Ennio Flaiano, and Tullio Pinelli wrote a film that contains all the director's dearest autobiographical themes: the vitelloni, *the province, the road, fatalism, much painful introspection, and the underlying theme of religion.* Il Bidone *represents a stage between his early work and the more mature masterpieces that would come later. The film's setting was carefully created, and it's rich in introspection and painful drama that never falls into the trap of becoming pathetic. A religious element also comes through: the characters seek a state of religious grace that will rescue them from a lonely, unsatisfying existence. Giulietta Masina plays Picasso's partner, the story's weakest character; the role takes a back seat to the other characters. The real* fellinian *drama centres around the figure of Augusto, a conman to the very end, unable to avoid his fate. Otello Martelli's expressionist photography and Nino Rota's intense score complete a formally perfect work.* Il Bidone *was initially supposed to last for over two hours, but was cut in editing so as to render it more accessible to the public. It was not well received at the Venice Film Festival, and as a consequence an indisposed Fellini began turning his nose up at film festivals. The film had better luck in France, however, where it was lauded by the critics, and hailed as a better film than* La Strada.
Le Notti di Cabiria *(Nights of Cabiria - 1957) is the story of a prostitute with a heart of gold (Giulietta Masina) who believes she can turn her life around*

un grande successo in Francia, dove la critica lo esalta e lo definisce superiore a *La strada*.

Le notti di Cabiria (1957) è la storia di una prostituta dal cuore d'oro (Giulietta Masina) che pensa di poter cambiare vita sposando uno sconosciuto. La moglie di Fellini interpreta ruoli importanti in molti film del marito, ma è presenza immancabile soprattutto nei primi lavori. Qui veste i panni di Cabiria, una prostituta ingenua che paga con atroci delusioni la fiducia che ripone nel prossimo. Il regista la presenta subito come una ragazza innamorata che si fa rubare la borsetta dal fidanzato e rischia di affogare nel fiume. Sono i ragazzi di borgata che la salvano con un provvidenziale intervento e danno vita a un episodio di solidarietà umana. Cabiria vive in una modesta casa abusiva - un lusso, per il mondo povero che la circonda - la sua amica Wanda (Franca Marzi) cerca di consigliarla per il meglio, ma lei resta fiduciosa nei confronti della vita. Fellini inserisce nella storia un incontro con un famoso attore interpretato da Amedeo Nazzari che la illude per una sera e pare ispirare Garry Marshall nella realizzazione di Pretty Woman (1990). Cabiria partecipa a un pellegrinaggio al santuario della Madonna del Divino Amore, una processione per chiedere una grazia e portare candele votive insieme ai poveri borgatari che vivono nelle grotte. Fellini torna sul tema religioso e realizza un quadro realistico dell'Italia rurale di fine anni Cinquanta. Non è ancora arrivato il boom a illudere gli italiani, i poveri vivono in condizioni miserevoli e il loro unico divertimento sono il cinema e la rivista. Fellini presenta il mondo dell'avanspettacolo, che conosce bene, un palco-

by marrying a stranger. Fellini's wife played several important roles in his films, but her presence was constant during his earlier work. Here she takes on the role of Cabiria, a naïve prostitute whose trust in those around her is always repaid in awful disillusionment. The director gives us a first glimpse of her as a girl in love. However, her boyfriend proceeds to steal her purse and she ends up in the river, almost drowning. In a heart-warming display of solidarity, she is saved in the nick of time by a group of youths from the working-class suburbs. Cabiria lives in an unlicensed house – in relative luxury compared to the poverty around her – and her friend Wanda (Franca Marzi) tries to advise her as best she can. However, Cabiria's faith in life and humanity does not waver. Fellini creates a meeting between Cabiria and a famous actor played by Amedeo Nazzari, who deceives her one evening. This episode seems to have inspired Garry Marshall's Pretty Woman *(1990). Cabiria takes part in a pilgrimage to the Madonna del Divino Amore sanctuary. A procession to ask for grace an forgiveness, and take votive candles together with the poor folk who live in the caves. Fellini comes back to the theme of religion and depicts a realistic portrayal of rural Italy at the end of the 1950's. The boom that would later deceive the Italians had not yet arrived. The poor lived in miserable conditions and their only pleasures were the cinema and variety shows. Fellini portrays the world of theatre, a world he knows well, a stage where it's not easy to win over the audience. Cabiria is fascinated by an illusionist's tricks. He hypnotises her and she is lead to believe she is being courted by a non-existent character named Oscar. However, after the show, an elegantly dressed man who claims to be called Oscar presents himself and*

Fellini incontra Giovanni Gronchi
1957

Fellini meets Giovanni Gronchi
(President of Italy)
1957

scenico dove non è facile superare la diffidenza del pubblico. Cabiria si appassiona ai numeri di un illusionista, viene ipnotizzata e crede di essere corteggiata da un inesistente Oscar. Al termine dello spettacolo, però, si presenta un elegante signore che dice di chiamarsi Oscar e comincia a farle la corte. Oscar sembra un uomo innamorato, porta Cabiria al cinema, a cena in trattoria, a passeggio per Roma e alla fine le chiede di sposarlo. Il dramma giunge a compimento quando Cabiria vende la casa e se ne va con il futuro marito, che non è proprio quel santo che sembrava. Cabiria non viene uccisa solo perché comprende la mossa finale dell'infido compagno: "Ma che mi vuoi ammazzare?". La ragazza molla la borsa, scoppia a piangere, si fa derubare ma salva la vita. Fellini inserisce un barlume di speranza nella scena finale perché Cabiria supera lo sconforto, cammina in mezzo a un gruppo di giovani, le lacrime si trasformano in sorriso e torna la voglia di credere nel futuro.

Le notti di Cabiria vince l'Oscar per il miglior film straniero, la Palma d'Oro a Cannes, per merito di un'ottima interpretazione di Giulietta Masina, due David di Donatello (regista e produttore) e quattro Nastri d'argento (regista, attrice, attrice non protagonista, produttore).

Fellini costruisce un film ironico e tragico ambientato nelle borgate romane, con la collaborazione di Brunello Rondi e Pier Paolo Pasolini, una sorta di apologo sulla Grazia e sulla redenzione, ma soprattutto sulla durezza della vita. Il film si può inserire ancora nel solco neorealista, pure se cominciano a venire fuori le tematiche care al regista. Fellini realizza un ritratto veritiero del-

begins courting her. Oscar seems to be in love. He takes Cabiria to the cinema, they go out for dinner in trattorias, *and out for walks around Rome. In the end he asks her to marry him. The situation comes to a head when Cabiria sells her house and leaves with her future husband, who is not, however, the gentleman he first appeared to be. She is not killed for the sole reason that she understands what her treacherous partner is doing: "Are you trying to kill me?". The girl drops her bag, bursts into tears, and lets herself be robbed, thereby saving her own life. In the final scene, Fellini gives us a ray of hope: Cabiria recovers from her sorrow, and as she walks together with her friends, her tears turn into a smile. She begins once again to believe in the future.*

Le Notti di Cabiria *won the Oscar for Best Foreign Film, the* Palm d'Or *in Cannes, largely due to Giulietta Masina's masterful performance, two Donatello's David awards (best director and producer), and four Nastro d'Argento awards (best director, actress, supporting actress, and producer).*

With Brunello Rondi and Pier Paolo Pasolini's collaboration, Fellini created an ironic and tragic film set in the working-class suburbs of Rome. It's a kind of apologue on religious grace and redemption, but above all on the hardships of life. Even though we begin to see the themes dear to Fellini, this film can still be described as being part of the neorealist movement. Fellini accurately portrays the Roman suburbs; there are elements in the film which echo Edmondo De Amicis' narrative, and these seem to have been powerfully written in by Pasolini. The down-at-heel folk's unavoidable destiny, and a poor main character with a heart of gold, evoke Ragazzi di Vita *and* Una Vita Violenta *(adapted for the big screen by Rondi), but*

le borgate romane, ma ci sono elementi vicini alla narrativa di Edmondo De Amicis che nella scrittura fanno sentire con prepotenza la mano di Pasolini. Il destino della povera gente che non può cambiare e il povero dal cuore d'oro, ricordano *Ragazzi di vita* e *Una vita violenta* (portato al cinema da Rondi), ma anche film come *Accattone* e *Mamma Roma*. Il capolavoro registico consiste nella capacità di mettere la maschera ingenua e clownesca di Giulietta Masina a confronto con le brutture della vita. *Le notti di Cabiria* è un film a suo modo religioso, nel quale Fellini inserisce personaggi grotteschi come l'uomo con il sacco, il frate questuante (Polidor) e un gruppo di giovani che riportano il sorriso sulle labbra di Cabiria dopo l'ultimo inganno. La Grazia esiste anche per i diseredati e viene annunciata da personaggi simbolici che rievocano la parabola del Buon Samaritano. La sceneggiatura è degli immancabili Ennio Flaiano e Tullio Pinelli, la fotografia di Aldo Tonti e Otello Martelli, le musiche sono di Nino Rota.

Le notti di Cabiria è stato rifatto come musical da Bob Fosse e Neil Simon come *Sweet Charity - Una ragazza che voleva essere amata*. Fino a questo film Federico Fellini è influenzato dal neorealismo, anche se porta avanti una poetica personale legata alla caduta delle illusioni. Alcuni critici hanno parlato di *realismo creaturale* a proposito della trilogia formata da *La strada*, *Il bidone* e *Le notti di Cabiria*.

also films such as Accattone *and* Mamma Roma. *The real artistry in the film's direction is in the contrast between Giulietta Masina's innocent, clown-like mask and the hardships that can be suffered in life. In its own way,* Le Notti di Cabiria *is a religious film. Fellini introduces grotesque characters such as the man carrying the sack, the begging friar (Polidor), and the young group of friends who manage to put a smile back on Cabiria's face after her last betrayal at the hands of her partner. Grace exists for the outcasts, too, and is announced by symbolic characters who evoke the parable of the Good Samaritan. The screenplay was written by the ever-present Ennio Flaiano and Tullio Pinelli. Aldo Tonti and Otello Martelli provided the photography, and Nino Rota composed the score.*

Le Notti di Cabiria *was remade as a musical by Bob Fosse and Neil Simon. The result was* Sweet Charity – The Adventures of a Girl Who Wanted to Be Loved. *In all of his films up to this point, Fellini had been influenced by the Neorealist movement, although he still used his own personal poetry, linked to the loss of hopes and illusions. Some critics speak of creatural realism when addressing Fellini's trilogy (*La Strada, Il Bidone, *and* Le Notti di Cabiria*).*

La svolta de La dolce vita

La dolce vita (1960) racconta la vita fallimentare del giornalista Marcello Rubini (Mastroianni) che ha abbandonato ogni ambizione letteraria, scrive per una rivista scandalistica e frequenta le notti romane a caccia di emozioni.

Il film inizia con una visione simbolica del giornalista che sorvola la città in elicottero trasportando una gigantesca statua di Cristo. Fellini utilizza la dissolvenza per inserire nuove situazioni che presentano reporter d'assalto, tentati suicidi e un'attrice che arriva all'aeroporto. La parte interpretata da Anita Ekberg impegna buona parte del primo tempo e presenta un'attrice simbolo del modello felliniano di donna opulenta e sensuale.

"Anitona Ekberg mi ricordava le prime tedesche che arrivavano a Rimini in sidecar, già ad aprile si spogliavano sul molo e si tuffavano nell'acqua gelida, come trichechi", commenta Fellini.

Anita incontra Marcello davanti al panorama di San Pietro, finisce nel bel mezzo di una festa alle Terme di Caracalla, balla *mambo* e *cha cha cha*, soccorre un gattino per i vicoli di Roma, trascorre una notte brava che termina con un bagno nella Fontana di Trevi. La serata di musica frenetica mette in primo piano un giovanissimo Adriano Celentano con il suo clan, tra i protagonisti della festa. Un altro episodio polemizza con le false apparizioni mariane e la credulità popolare, ma sono sequenze che portano problemi con il Vaticano e con la stampa cattolica. Rubini passa il tempo seduto ai tavoli dei bar di via Veneto, collabora con un fotografo soprannominato Pa-

La Dolce Vita – A Turning Point

La Dolce Vita *(1960) tells of the disastrous life of Marcello Rubini (Mastroianni), a journalist who has abandoned any literary ambitions he may have once had. He writes for a tabloid publication and at night he wanders the streets of Rome, looking for excitement. The film begins with a symbolic image: the journalist flies above the city in a helicopter, with which he carries a huge statue of Jesus Christ. Fellini then uses a fade-in/out technique to show other images including aggressive reporters, attempted suicides, and an actress arriving at an airport. Anita Ekberg's role gets a great deal of screen time during the first half of the film. She symbolises Fellini's model of the sensual, voluptuous woman.*

"Anitona Ekberg reminded me of the first German women who used to arrive in Rimini in their sidecars. As early as April they'd strip to their bathing costumes on the pier and dive into the icy water, just like walruses." Fellini revealed.

Anita meets Marcello in front of the San Pietro church, ends up in a party at the Terme di Caracalla, dances the mambo *and the* cha cha cha, *comes to the aid of a cat in the alleyways of Rome, and generally spends a wild night that ends up with a dip in the Fontana di Trevi. An evening of frenetically paced music gives a very young Adriano Celentano together with his group the chance to shine, starring as fellow party-goers and entertainers. The film stirred up some controversy with its look at false visions of the Virgin Mary and the people's beliefs. For this reason,* La Dolce Vita *was criticised by the*

parazzo (da questo film nasce il neologismo), si immerge in un mondo rutilante e borghese. Il giornalista incontra il padre e i due trascorrono una serata al night, dove il genitore si invaghisce di una ballerina. Marcello è fallito anche come figlio, perché ammette di non conoscere il padre, un uomo troppo impegnato per dedicargli tempo. Il dialogo padre - figlio a casa della ballerina, dopo un malore che finisce per far fallire il rapporto, è un grande pezzo di teatro. Il vecchio genitore dà le spalle al figlio, guarda fuori dalla finestra e mormora: "Bisogna che vada". Non accetta il passare del tempo, vorrebbe essere ancora giovane, non dover giustificare un malore, soprattutto non doversi vergognare davanti al figlio. Lo scrittore fallito Steiner (Alain Cuny) afferma di essere "troppo serio per fare il dilettante e incapace di fare il professionista", ma soprattutto non riesce a vivere distaccato dalla realtà e fuori dal tempo. Ama i suoi figli con tutto il cuore, li bacia prima di andare a dormire, li accudisce, ma finisce per ucciderli e si suicida con un colpo di pistola alla tempia. Marcello deve consolare la moglie affranta dal dolore, mentre reporter cannibali scattano foto a ripetizione. "Forse aveva paura di se stesso. Di noi tutti", conclude Marcello. A questo proposito citiamo un'interpretazione avanzata da Mario Aprile Zanetti che vede come chiave di lettura del film la presenza di due nature morte di Giorgio Morandi nella sala dove si svolge il dialogo tra Steiner e Rubini. "La natura morta di Morandi e la sequenza del salotto intellettuale di casa Steiner rappresentano una grande varietà di bottiglie e di persone. Mastroianni e Cuny oltre che

Vatican and the catholic press. Rubini spends all his time sitting in bars in Via Veneto. He works with a photographer nicknamed Paparazzo (the film coined the term paparazzi*), and he immerses himself in the bourgeois lifestyle. The journalist meets his father, and the two spend the evening at a night-club, where the father takes a shine to one of the dancers. Marcello is a failure as a son, too. He admits to himself that he no longer recognizes his father, a man who was always too busy to dedicate any time or attention to his son. After a sudden illness at the dancer's house interrupts their tryst, we are presented with a discussion between father and son. It's a masterfully theatrical performance. Rubini's old father turns his back on him, looks out of the window, and mumbles: "I have to go". He cannot accept the passage of time, and would like to be young again. He doesn't want to have to justify his illness, but above all he doesn't want to be in a position where he feels shame in front of his own son. Steiner (Alain Cuny), the failed writer claims to be "I'm too serious to be an amateur, and not serious enough to be a professional", but mainly he cannot live out of time and reality. He dearly loves his children. He looks after them and kisses them before they go to sleep. However, he ends up killing them, and then he kills himself with a gunshot to the head. Marcello tries to comfort his devastated wife, as vulture-like reporters take picture after picture. "Perhaps he was afraid of himself. Afraid of all of us." concludes Marcello. Mario Aprile Zanetti provides an advanced interpretation of this theme. In the room where the dialogue between Steiner and Rubini takes place, there are two Giorgio Morandi still-life paintings. Zanetti saw their presence as vital in terms of the film's interpretation. "Morandi's still-life and the scene in the Steiners' intellectually rich living-room*

Con Anita Ekberg sul set
di La dolce vita
1960

*With Anita Ekberg on La
dolce vita set*
1960

del quadro parleranno anche dell'esistenza umana, sospesa tra paura e desiderio, entusiasmo e depressione, ordine e caos". (M. A. Zanetti - *La natura morta de La dolce vita* - Istituto Italiano di Cultura e New York Film Academy). L'interpretazione di Zanetti mette in stretta connessione Giorgio Morandi e Federico Fellini, come due artisti capaci di creare capolavori partendo dalle cose semplici e da attori poco conosciuti. Il tema del film diventa quello dell'arte in generale: la vita stessa come capolavoro.

La vita di Marcello Rubini prosegue con una giornata trascorsa in un locale sul mare dove scrive un articolo, conosce una ragazzina che fa la cameriera (Valeria Ciangottini) e si lascia infastidire dalle note del juke-box. La notte romana prosegue con un festino a casa di nobili, tra prostitute che dicono di amarlo, omosessuali, spogliarelli e finte sedute spiritiche. Marcello litiga con la compagna, è insoddisfatto di tutto e non sopporta l'amore come convenzione borghese. "Non vuoi bene a nessuno. Resterai per sempre solo", dice lei. "Non posso passare la mia vita a voler bene a te", risponde il giornalista. Fellini ritrae Marcello come un uomo perennemente inquieto, insoddisfatto della vita, deluso da tutto, persino dall'amore. Non è un personaggio positivo, ma è soltanto un giornalista che si vende per denaro, che intervista il maggior offerente e che scrive ciò che vuole il pubblico. Il film è una discesa negli inferi di una città degradata, tra nobildonne che si lasciano cavalcare, si spogliano per noia e scelgono gli eccessi per sentirsi vivi. Un barlume di speranza è racchiuso in uno splendido finale che si stempera tra il rumore del

portray a large variety of bottles and persons. Quite apart from the picture, Mastroianni and Cuny speak about human existence, walking a thin line between fear and desire, enthusiasm and depression, order and chaos." (M. A. Zanetti – La Natura Morta de La Dolce Vita – *Italian Institute of Culture and New York Film Academy*). Zanetti's interpretation offers a strong link between Giorgio Morandi and Federico Fellini. They were two artists who could create masterpieces from simple everyday things and unknown actors. The film's theme is reflected in that of art in general: life itself is a masterpiece.

Marcello Rubini's life continues with a day spent at a seaside location. Here, he writes an article, meets a girl working as a waitress (Valeria Ciangottini), and lets the music coming from the jukebox wash over him. The night in Rome continues with a party at a noble family house, with prostitutes who say they love him, homosexuals, strippers, and fake séances. Marcello gets into an argument with his partner. Nothing can make him feel fulfilled, and he cannot stand the idea of love as a bourgeois convention. "You don't love anyone. You'll spend the rest of your life alone", she says. "I can't spend my whole life loving you" is the journalist's reply. Fellini portrays Marcello as an eternally restless character. He is dissatisfied with life, disillusioned by everything, even love. He is not a positive character, only a journalist who sells himself for money. He'll only interview the highest bidder, and writes exactly what the public wants to read. The film charts the descent into the shabby underworld of a degraded city, with noblewomen who let themselves be ridden like animals, strip out of boredom and whose excesses represent a way to feel alive. The viewer is given a ray of hope in the magnificent final scene, in which the sounds of the sea mix together with Valeria

mare e gli occhi innocenti di Valeria Ciangottini, ultimo incontro di Marcello mentre sulla spiaggia sta spuntando l'alba. Il giornalista, però, non sente le parole dell'innocenza, il rumore soffoca ogni cosa, lo sguardo dolce della ragazza resterà un ricordo, perché lui seguirà i borghesi annoiati.

Gli sceneggiatori Tullio Pinelli, Brunello Rondi, Ennio Flaiano e Federico Fellini descrivono incontri erotici, orge e folli avventure. Il film è un viaggio nella notte romana, all'interno di una società corrotta dove crollano miti, valori e convenzioni. La pellicola è teatrale, girata quasi tutta in teatri di posa, con pochi esterni, costruita su parti liriche e grandi prove recitative. Fellini cita il circo in un paio di sequenze al night quando presenta una sorta di clown come domatore musicale di tre donne vestite da belve. Subito dopo entra in scena un triste suonatore di tromba che fa l'incantatore di palloncini mentre intona un languido motivo.

La dolce vita fa da spartiacque della produzione felliniana e dà il via a una serie di pellicole meno legate alle tradizionali strutture narrative. È una pietra miliare della carriera di Fellini ma anche della storia del cinema, perché rompe con un vecchio modo di raccontare storie sul grande schermo. Marcello Mastroianni diventa l'alter ego del regista, che attraverso le parole dell'attore esprime la sua analisi spietata di una società borghese in disfacimento. Fellini non sarebbe d'accordo con questa considerazione perché ha sempre detto: "Marcello Mastroianni non è il mio alter ego, sono io a essere il suo alter ego!".

La pellicola suscita enorme scandalo, sia per la

Ciangottini's innocent eyes. It's her last meeting with Marcello, as dawn breaks over the beach. However, the journalist does not hear the voice of innocence because the noise covers everything up. Her sweet gaze will remain only a memory, as he decides to follow the bored middle-classes in their adventures.

The scriptwriters Tullio Pinelli, Brunello Rondi, Ennio Flaiano, and Federico Fellini describe a series of erotic trysts, orgies, and crazy adventures. The film is a journey into the nights of Rome, in a corrupt society where myths, values, and social conventions crumble to dust. The film is largely theatrical, shot almost entirely in studios, with very few external shots. The actors' parts are poetic, almost lyrical and the performances are excellent. Fellini uses the circus theme in a few scenes at the night-club. Here, an odd clown acts as a musical "tamer" of three women dressed like wild animals. Immediately afterwards, a gloomy trumpet player comes on stage and begins playing with balloons whilst blowing a languid tune.

La Dolce Vita *signalled a watershed for Fellini's works, and marked the beginning of a series of films less traditionally structured in terms of narrative style. It was not only a milestone in his own career, but also in international cinema. This is because it made a clean break from the traditional way of telling stories on the big screen. Marcello Mastroianni becomes the director's alter ego. Through the actor's words, the director gives his ruthless analysis of the crumbling, decadent middle-class society of the time. Fellini, however, did not agree with this interpretation, as he always claimed "Marcello Mastroianni isn't my alter ego, I'm his alter ego!".*

The film caused a lot of controversy with several scenes: Anita Ekberg's bath in the Fontana di Trevi, the orgy with strippers at the end, and other scenes

scena del bagno nella Fontana di Trevi, sia per l'orgia finale con spogliarello, sia per alcune scene di amori extraconiugali. Oscar Luigi Scalfaro scrive due articoli come *Basta!* e *La sconcia vita* per mettere all'indice *La dolce vita* su *L'Osservatore Romano*, proprio mentre in parlamento si discute sulla moralità dell'opera. Tra i critici cattolici il film viene difeso soltanto da padre Angelo Arpa, gesuita e filosofo amico di Fellini. Arpa intuisce il grande impatto estetico e sociale della pellicola, ma paga di persona per le sue idee liberali, visto che il Vaticano gli vieta di parlare di cinema in pubblico. Nonostante tutto il film conquista la Palma d'Oro a Cannes e Piero Gherardi vince l'Oscar per i costumi. *La dolce vita* è un film epocale anche perché Fellini riesce a inventare una nuova frase popolare che resta nel gergo quotidiano insieme a *vitelloni, paparazzi* e *bidone*. Non manca una satira dai toni farseschi ispirata a *La dolce vita* diretta nel 1961 da Sergio Corbucci, su soggetto di Steno e Lucio Fulci: *Totò, Peppino e la dolce vita*. Totò e Peppino De Filippo sono i mattatori di una commedia che riprende luoghi e situazioni del film originale tuffandoli nell'acido corrosivo della farsa.

La dolce vita porta a Fellini non pochi problemi dal fronte cattolico, ma pure le sinistre non si fidano di lui perché rifiuta di accettare il punto di vista marxista. Tutto questo non reca conseguenze negative al regista che viene premiato in tutto il mondo come autore geniale. Fellini va oltre le ideologie, deforma la realtà ma la racconta con poesia e libertà, miscelando neorealismo a eccessi barocchi.

Boccaccio '70 (1962) è un film a episodi diretto da

featuring extra-marital love. Oscar Luigi Scalfaro (Italian politician, future President of Italy) wrote two articles named Basta! *(Enough!) and* La Sconcia Vita *(The Obscene Life) in the* L'Osservatore Romano *newspaper, at the same time that the morality of the film was being discussed in parliament. Amongst the film's many catholic critics, Father Angelo Arpa – Fellini's friend, as well as a Jesuit and philosopher – stood alone in his defence of the work. Arpa intuited the great aesthetic and social impact the film would have, but he personally paid the price for his liberal views: the Vatican forbade him to speak publicly about cinema. Despite all the controversy,* La Dolce Vita *won the* Palm d'Or *at Cannes, and Piero Gherardi won an Oscar for Best Costumes.* La Dolce Vita *is an epochal film for many reasons, only one of which is that in the name* Paparazzo, *it introduced a term that still remains in use today. In 1961, Sergio Corbucci created a satirical farce based on* La Dolce Vita. *Written by Steno and Lucio Fulci, it was called* Totò, Peppino e la Dolce Vita. *Totò and Peppino de Filippo take the roles of two theatre actors. Their play attempts to recreate certain scenes from the original film with farcical overtones.*

Although La Dolce Vita *brought the catholic front into conflict with Fellini, he was not welcomed with open arms by the leftists either, as he refused to accept the Marxist point of view. In spite of these problems, Fellini continued to be rewarded and hailed as a man of genius in all four corners of the globe. Fellini went beyond ideologies. He twisted reality, but he told his stories freely and poetically, mixing neorealism with baroque excesses.*

Boccaccio '70 *(1962) is a film made in segments, directed alternately by Vittorio De Sica, Luchino Visconti, Mario Monicelli, and Federico Fellini. De*

Vittorio De Sica, Luchino Visconti, Mario Monicelli e Federico Fellini. De Sica racconta la storia di una donna prosperosa messa come premio di una lotteria (La riffa), Visconti narra di una donna che si fa pagare le prestazioni sessuali per punire il marito traditore (Il lavoro), Monicelli racconta il dramma di due sposi novelli che non si vedono mai per colpa del lavoro (L'avventura di due sposi). Federico Fellini scrive e sceneggia insieme a Ennio Flaiano e Tullio Pinelli Le tentazioni del dottor Antonio. L'episodio racconta la storia di un moralista che dichiara guerra a un gigantesco manifesto di Anita Ekberg che pubblicizza le qualità del latte. Il film rappresenta la prima esperienza di Fellini con il colore, trasforma in realtà gli incubi di un borghese sessuofobo e ci coinvolge in una convincente atmosfera ironico - fantastica. Le tentazioni del dottor Antonio è una breve commedia satirico - grottesca che realizza un affresco sulla Roma anni Settanta, tra balneazioni sul Tevere, preti vestiti di rosso e cinema peplum. Una vocina infantile fuori campo presenta il dottor Antonio Mazzuolo, un perbenista che passa le notti a infastidire coppiette che si appartano nei giardini. Fellini descrive con dovizia di particolari un personaggio ricalcato per eccesso sulle fattezze di Oscar Luigi Scalfaro, reo di aver chiesto il rogo per La dolce vita. La maschera clownesca di Peppino De Filippo fa il resto e dà vita a un dottor Antonio censore di oscenità a teatro, davanti alle edicole e tra i tavoli di un ristorante quando nota una donna disinibita. Fellini cita anche le comiche del cinema muto con una sequenza veloce girata in bianco e nero. Il nostro moralista è un ex boy scout, ovviamente scapo-

Sica tells the story of a rich woman offered as a prize in a lottery (La Riffa). Visconti's tale is that of a woman who offers sexual favours to strangers in exchange for money, in order to punish her cheating husband (Il Lavoro). Monicelli presents us with the story of a newly-wed couple who never get to see each other because of their jobs (L'Avventura di Due Sposi). Federico Fellini, meanwhile, writes the story and screenplay together with Ennio Flaiano and Tullio Pinelli for Le Tentazioni del Dottor Antonio. This episode tells the story of a moral crusader who declares war on an enormous poster featuring Anita Ekberg advertising milk. This film is Fellini's first with colour. The sex phobic middle-classes' nightmares come true, and the whole experience is tinged with a convincing fantastical and ironic atmosphere. Le tentazioni del Dottor Antonio is a short satirical/grotesque comedy that depicts a cross-section of life in Rome in the 1970's. It features people swimming in the Tevere river, priests dressed in red, and peplum films (an Italian film sub-genre based on mythology or Biblical stories, otherwise known as "sword and sandal" films). A childish off-screen voice introduces the viewer to Doctor Antonio Mazzuolo, a respectable man who spends his evenings harassing young couples who smooch in parks in the name of decency. Fellini uses a wealth of detail to create a character whose outline is so clearly based on Oscar Luigi Scalfaro, guilty of having criticised so puritanically La Dolce Vita. Peppino De Filippo's clown-like features give this outline a face, and gives life to Doctor Antonio. A censurer of obscenity in the theatre, at the newsagent kiosks, and in restaurants, where any sign of a woman without inhibitions does not go unnoticed by him. Fellini pays homage to the great comedians of mute cinema, in a speeded-up scene shot in black and

lo, vive con una sorella timorata di Dio e passa il tempo insieme a un campionario di amici baciapile. La critica al mondo della Chiesa e alla religione cattolica è molto forte; il pericolo della tentazione della carne viene rappresentato come un attentato alla sanità morale dei nostri giovani. Il cartellone con Anita Ekberg in bella evidenza mette in crisi il precario equilibrio psicologico del dottor Antonio che vaneggia di immagini *invitanti, oscene e voluttuose*. Troveremo un personaggio simile ne *L'affittacamere* (1976) di Nando Cicero, interpretato da un ottimo Adolfo Celi, un caso in cui il cinema bis affronta con leggerezza le stesse tematiche del cinema alto. Un commissario di polizia disserta sul concetto di invitante, vuol sapere se è *all'americana, alla francese o alla turca* perché è importante ai fini della punibilità. Il moralista ribadisce che si tratta di un'offesa all'allattamento, la funzione più alta della maternità. Il motivetto pubblicitario ("Bevete più latte/ Il latte fa bene/ Il latte italiano…") è un momento musicale che si ricorda e che inaugura la lotta felliniana ai messaggi della società dei consumi. Il dottor Antonio controlla con il binocolo l'oscena visione e inizia la sua guerra personale, mentre - per contrasto - i bambini giocano nel parco per niente turbati. Il vizio pare radunarsi sotto l'immondo cartellone, acrobati, giochi, carrozze e mercanti che vendono di tutto, ma alla fine il dottor Antonio convince il potere a oscurare la visione erotica. Cominciano gli incubi che sono la parte migliore del film. La Ekberg prende vita, assume espressioni beffarde, scende dal cartello, si presenta in dimensioni gigantesche e raccoglie Antonio da terra come se fosse un topolino.

white. Our moral crusader is a former boy scout, obviously single. He lives with his God-fearing sister and passes the time with a group of bigots and hypocrites. Fellini's criticism of the Church and Catholicism is rather fierce; the dangers of carnal temptation are represented as an attack on the morals of the country's youth. Doctor Antonio's precarious psychological equilibrium is endangered by Anita Ekberg's rather visible poster, and he begins to have alluring, sensual, and obscene visions. A similar character can be found in Nando Cicero's L'Affittacamere *(1976), excellently portrayed by Adolfo Celi. This was a case of B-movie cinema exploring the same themes as more sophisticated cinema, albeit in a more light-hearted manner. A commissioner of the police talks at length about the concept of something being alluring, and whether said thing is alluring in an* American, French, *or* Turkish *manner, so as to decide whether it's punishable by the law. The moralist reaffirms that the poster represents an offence to the act of breast-feeding: motherhood's most important and symbolic act. The slogan* "Bevete più latte / Il latte fa bene/ Il latte italiano…" *("Drink more milk / Milk is good for you / Italian milk…") became a memorable musical interlude which inaugurated Fellini's march against the messages given by consumer society.*

Through his binoculars, Doctor Antonio observes the filthy image and begins his own personal war. In contrast, children play in the nearby park and do not seem to be at all affected by it. All manner of depraved subjects appear to congregate under the obscene poster: acrobats, gamblers, carriages, and salesmen touting their wares. In the end, Doctor Antonio manages to convince the powers-that-be to cover up the offending erotic article. Thereupon begin the nightmares that represent the best part of the film. Ekberg comes to life, pulling

Partenza per Milano per la
presentazione de La dolce vita

Going to Milan for La dolce vita
premiere

Fellini dà vita a un momento notevole di cinema fantastico e ricostruisce a Cinecittà una Roma in miniatura per far giganteggiare la Ekberg. Il dottor Antonio è combattuto tra la bellezza della donna e l'offesa al pudore, scopre tutta la sua ipocrita mediocrità quando le supplica di restare per sempre con lui. "Una bella noia… una settimana, forse", risponde la donna. Lo spogliarello appena accennato dalla Ekberg manda in estasi il censore che si ribella ai desideri inconsci e vorrebbe ucciderla. A questo punto arrivano i perbenisti in surreale processione e portano via il corpo della donna. Mazzuolo difende Anita, non vuole che venga sottratta al suo sguardo, si lascia tentare fino in fondo da una visione fantastica. Il mattino scopre il dottor Antonio rifugiato sul cartellone mentre giunge un'ambulanza a sirena spiegata e lo porta in ospedale. "Anita", è il suo ultimo sussurro mentre parte la musichetta *Bevete più latte*… L'innocenza di un bambino vestito da angioletto chiude una pellicola piuttosto scomoda per il periodo storico.

L'idea di *Boccaccio '70* è del geniale Cesare Zavattini che convince Carlo Ponti a investire su una pungente critica del moralismo fatta con le armi della commedia popolare. Gli episodi girati da Visconti e Fellini colpiscono nel segno, soprattutto il secondo, che anticipa alcune tematiche che saranno contenute in *Roma*. Peppino De Filippo mette alla berlina Oscar Luigi Scalfaro, al tempo assurto alle cronache per aver fatto coprire una signora vestita con abiti tropo audaci. Fellini si vendica delle critiche sferzanti che Scalfaro aveva riversato su *La dolce vita* dalle colonne dell'*Osservatore romano*.

faces at the doctor as she comes down from the poster. She assumes gigantic proportions and picks Antonio up from the ground as easily as if he had been a small toy. Fellini gives life to a famous moment in the history of fantastical cinematography, building a miniature Rome in Cinecittà in order to enlarge Ekberg on screen. Doctor Antonio is torn between the woman's beauty and the offence against decency of the situation. He becomes aware for the first time of his own hypocritical mediocrity when he begs her to stay with him. "Well, that'd be boring… maybe for just a week." answers the woman. Ekberg hints at a striptease and the censor is in ecstasy. However, he rebels against his disgusting desires and kills her. At this point, a surreal procession of respectable folk arrives to take away the woman's body. Mazzuolo tries to defend Anita as he doesn't want her out of his sight, and he lets himself drift into another fantasy. The next morning we find Antonio lying under the poster-board, as an ambulance arrives, siren blaring, and takes him away to the hospital. "Anita" is the last word he whispers as the Bevete più latte *jingle starts up. An innocent-looking boy dressed up as an angel closes a film which was rather awkward for the historical period of its release.*

The brilliant Cesare Zavattini was behind Boccaccio '70. *He convinced Carlo Ponti to invest in what would a biting criticism of morality through the use of popular comedy. The segments filmed by Visconti and Fellini really hit the mark, the latter especially. It was a kind of sneak preview of themes that would later appear in* Roma. *Peppino De Filippo exposes and ridicules Oscar Luigi Scalfaro, who at the time had gained notoriety for having forced a overly scantily-clad woman to cover up. After Scalfaro's stinging criticism of* La Dolce Vita *in the* L'Osservatore Romano *newspaper, Fellini finally got his revenge.*

Il capolavoro di Otto e mezzo

Otto e mezzo (1963) è considerato uno dei più grandi film della storia del cinema, è stato inserito dalla rivista inglese Sight & Sound al nono posto nella top ten, secondo la classifica redatta dai critici, e al terzo in quella stilata dai registi.

La pellicola ispira intere generazioni di registi, a sua volta risente dei capolavori di Ingmar Bergman (*Il posto delle fragole*) e gode della stessa ispirazione del cinema di Woody Allen. Nanni Moretti ha girato diverse pellicole sulla falsariga di *Otto e mezzo*, prime fra tutte *Palombella Rossa* che riflette la crisi politico - artistica di un intellettuale.

Guido Snàporaz è un regista in crisi di ispirazione, impersonato da Marcello Mastroianni, ancora una volta alter ego di Fellini, per un film autobiografico e fantastico scritto dal regista insieme a Flaiano, Pinelli e Rondi. Molti critici ritengono *Otto e mezzo* uno dei momenti più alti dell'arte felliniana, perché è la storia di un regista che racconta con sincerità la crisi di un uomo e di un autore. Fellini mette a nudo le sue difficoltà, rivela al pubblico la paura di deludere le aspettative, la fatica nel regolare i conti con fantasmi, ricordi e volti del passato, soprattutto di farli convivere con il presente. Guido si divide tra una moglie borghese (Anouk Aimeé) che tradisce ma non sa lasciare e una sensuale amante (Sandra Milo), racconta la sua vita per mezzo di simboli fantastici e surreali. Il regista fa muovere il suo personaggio in una stazione termale, ma tramite parti oniriche lo trasporta nella casa romagnola di quando era bambino, nel collegio cattolico

Otto e mezzo – The Masterpiece

Otto e mezzo (8 ½ - 1963) is considered to be one of cinema's all-time greatest films. In the English publication Sight & Sound, it came ninth in the top-ten critics' list, and third in the directors' list. The film inspired whole generations of directors, and in turn feels the influence of Ingmar Bergman's masterful works (Wild Strawberries) and shares the same inspiration as Woody Allen's works. Nanni Moretti (up and coming young italian director) has made several films modelled on Otto e Mezzo, first amongst which is Palombella Rossa, a film about an intellectual's political/artistic crisis.

In Otto e Mezzo, Guido Snàporaz is a director in a slump, suffering from a critical lack of inspiration. The character is played by Marcello Mastroianni, once again acting as Fellini's alter ego. The film is a fantastical autobiography written by the director together with Flaiano, Pinelli, and Rondi. Many critics consider Otto e Mezzo to be one of the peaks of fellinian art.

This is due to the fact that it's the story of a director's honest account of a man and author's personal crisis. Fellini lays bare his troubles and fears of disappointing the public. He reveals the difficulties of settling the score with the ghosts, memories and faces of the past, and above all, the difficulties of being able to live with them in the present. Guido divides his time between his bourgeois wife (Anouk Aimeé), on whom he regularly cheats but who he doesn't know how to leave, and his sensual lover (Sandra Milo). He recounts his life using fantastical and surreal imag-

Partenza per Milano con il cast di 8 ½
1963

Going to Milan with the cast of 8 ½
1963

che reprime la sua sessualità e alla scoperta della prima donna. La pellicola è un susseguirsi di *flashback* e parti oniriche, incubi che sembrano strade senza uscita, sogni megalomani che racchiudono le donne della sua vita, voglia di purezza e di fuga. L'attacco fantastico cita *Miracolo a Milano* e l'idea di Zavattini dell'uomo che vola sopra la città. Le citazioni all'interno della pellicola si sprecano e sono tutte rivolte al cinema di Fellini. "Che ci prepara di bello? Un altro film senza speranza?", dice il medico dello stabilimento termale. La figura di un critico intellettuale accompagna il lavoro di Fellini, come un antipatico grillo parlante che contesta ogni nuova intuizione. "Se manca un'idea problematica il film è inutile... cosa vogliono comunicare questi autori che non sposano nessuna causa?".

Le parti oniriche che riportano al passato sono i momenti migliori della pellicola, soprattutto quando Fellini ricorda i genitori e ammette che "abbiamo parlato così poco tra noi". Avrebbe tante domande da fare a un padre che non vedeva mai, ma ormai è tardi, nessuno può starlo a sentire. I sogni del regista sono popolati dalla figura della moglie che osserva da lontano, da un collegio di preti dove ha passato l'infanzia e da una musica languida che fa da sottofondo. La casa della nonna, il bagno in tinozza, le espressioni dialettali, il focolare acceso in una casa antica, sono altri momenti lirici. Il regista incontra Mario Pisu e Barbara Steele, un'insolita coppia di amanti che potrebbero essere padre e figlia. La scelta degli attori per il film è impegnativa, ma anche liberarsi di una folla di scocciatori, giornalisti, critici, ammiratori e curiosi non è un

ery. The director places his character in a thermal spa, but then transports him in dreamlike sequences to his childhood home in Emilia Romagna, to the catholic college that suppressed his sexuality, and to the discovery of his first woman. The film is composed of a series of flashbacks and dream sequences, nightmares that feel like closed alleyways, megalomaniac dreams featuring all the women in his life, a longing for purity and escape. These fantastical visions cite Miracolo a Milano *and Zavattini's idea of a man flying over the city. Within the film there is a wealth of references and citations of Fellini's works. "So, what's on the menu? Another hopeless film?", asks the doctor at the thermal bath. The intellectual critic is present throughout Fellini's work, like a kind of evil Jiminy Cricket who'll dispute the director's every new idea and intuition. "If there's no problem at the heart of the idea, then the film is useless... all these authors who won't commit to a cause, what are they trying to say?".*

The dreamlike sequences that bring the past to life are the film's best moments. The standout scene is that in which Fellini remembers his parents and admits that "we've talked so little". He has so many questions to ask the father he hardly ever saw, but it's too late now. There's no-one there to hear him. In his dreams, the director observes his wife from afar, in the monks' college where he spent his infancy. Languid music plays in the background. Other poetic moments seen are those in his grandmother's house, baths in the tub, the local dialect, a lit fireplace in an old house. The director meets Mario Pisu and Barbara Steele, an oddly-matched couple who might well have been mistaken for father and daughter. The process of selecting the cast was a demanding task, but then again, so

Fellini e Tullio Pinelli
1959

Fellini and Tullio Pinelli
1959

lavoro di poco conto. Non manca la memoria del circo con il clown Polidor che interpreta se stesso e risponde ai dubbi del regista. La pellicola è intrisa di interrogativi inquietanti sulla crisi creativa: "Non sei più quello di prima...", pensa il regista. "E se fosse il crollo di un bugiardaccio senza più arte né talento? Se non fosse una crisi passeggera? Forse è davvero ora di farla finita con i simboli...", teme. Fellini introduce l'argomento religioso e l'eterna contraddizione di chi ha avuto un'educazione cattolica, non riesce a trovare la fede, ma vorrebbe restare folgorato sulla via di Damasco. Ricorda il seminario frequentato da ragazzo, l'incontro con la Saraghina e le persecuzioni erotiche da parte dei frati che facevano naufragare i tentativi di spiare la prostituta.

Il critico intellettuale bacchetta il regista indeciso: "La sua è una mancanza di vera e profonda cultura. Non ci può propinare dei piccoli ricordi bagnati di nostalgia. Le sue ambizioni di denuncia ne escono frustrate". La figura dell'intellettuale serve a Fellini per mettere alla berlina le critiche di certa sinistra che lo avrebbe voluto schierato con maggior decisione su posizioni marxiste. Il regista confessa che il suo unico desiderio è quello di *raccontare la grande confusione che un uomo tiene dentro*. La pellicola procede tra contraddizioni e dubbi, soprattutto quando entra in scena la moglie consapevole dei tradimenti. Il regista si lascia lusingare dal richiamo della chiesa, perché *avere la benevolenza della chiesa è avere tutto nella vita, forse converrebbe baciare il loro anello e dirsi pentiti.*

A un certo punto Guido decide che vuol fare un

was that of shaking off hordes of journalists, critics, admirers, rubber-neckers, and people generally being a nuisance. The circus theme is once again addressed, in the form of Polidor the clown (playing himself), who responds to the director's doubts. The film is packed with disturbing questions about his creative slump: "You're not who you once were..." thinks the director. "What if this is the final collapse of a poor liar who's lost both his art and his talent? What if this isn't just a temporary crisis? Maybe it really is time to give up on symbols...", he fears. Fellini introduces the theme of religion and its eternal contradiction faced by those who've been brought up with a catholic education, cannot find their faith, but still want to be blinded on the road to Damascus. He remembers the seminars he would attend as a boy, his meeting with Saraghina, and the erotic persecution he would suffer at the hands of the monks who would scupper his attempts to peep at the prostitute.

The intellectual critic tells off the vacillating director: "What we have here is a lack of real and profound culture. You can't fob us off with tiny little memories dipped in nostalgia. That way your ambitions and need to denounce will be frustrated". Fellini uses the intellectual "conscience" to ridicule certain leftist critics, who wanted him to side more decisively with Marxist politics. The director confesses that his only wish is to portray the great chaos that every man holds within himself. *The film continues to bombard the viewer doubts and contradictions, especially in the scene where the wife becomes aware of her husband's infidelity. He lets himself be flattered by the calling of the church,* as to have the benevolence of the church is to have everything that life has to offer. Perhaps it'd be best to kiss their ring and

Fellini, Ponti e la Ekberg alla
conferenza stampa per Boccaccio 70
1961

Fellini, Ponti and Ekberg at
Boccaccio 70 press conference
1961

film dove accade di tutto, addirittura una pellicola che comincia con una nave spaziale su una rampa di lancio. Basta con le storie dove non succede niente!

Il personaggio dell'amica interpretato da Rossella Falk reca nuovi dubbi: "Stai facendo lo sbaglio che facciamo tutti: volere gli altri diversi da come sono. Sei libero ma devi saper scegliere. Non hai più molto tempo davanti a te". Il regista è in crisi e lo confida all'amica: "Mi sembrava di avere le idee così chiare. Volevo fare un film onesto, utile a tutti, per seppellire ciò che di morto abbiamo dentro. E invece ho le idee confuse. Non ho proprio niente da dire, ma voglio dirlo lo stesso". Tornano a galla eterne verità, il solito gioco felliniano tra realtà e menzogna, sul fatto che non è giusto mentire, confondere le carte, non far capire cosa è vero e cosa no. È suggestiva la parte onirica che vede tutte le donne della sua vita riunite in una grande casa. Un vero e proprio harem da re Salomone che contempla persino la puttana spiata da bambino sulla spiaggia e una negra che danza da sempre nei suoi sogni. Ai piani superiori, relegate nella soffitta dei ricordi, sono destinate le donne che appartengono al passato. "Non vi fidate. È un ipocrita", dicono i fantasmi. La felicità del regista sarebbe soltanto poter *dire la verità senza far soffrire nessuno* e soprattutto non essere assalito dai rimorsi e dalle tristezze.

L'intellettuale perseguita Guido che sogna di poterlo impiccare quando accusa i suoi personaggi di essere *approssimativi* e *inesistenti*. Il regista è consapevole di non avere molti amici, né a destra né a sinistra, vorrebbe fare questo film come

say you repent.

At one point, Guido decided to make a film where anything and everything happens. A film that begins with a spaceship on a launch-ramp. No more stories in which nothing ever happens!

Rossella Falk plays the director's friend, and she gives him fresh doubts: "You're making the same mistake we always make: you want everyone to be different from the way they are. It's your choice but you have to know how to choose. You don't have much time left". The director crisis pushes him to admit to her that "My ideas seemed so clear at first. I wanted to make an honest film, something for everyone, so that I could lay to rest all that is dead inside me. But my ideas are all muddled up. I have nothing to say, but I want to say it anyway". Eternal truths come through again: Fellini's usual games with reality and make-believe, the fact that it isn't right to lie, to say one thing and then say the exact opposite, to be ambiguous about what's real and what isn't. The dream sequence in which all the women in his life are united in a large house is particularly suggestive. A harem in King Solomon's court, as he observes even the whore he would peep at on the beach, and a black woman who had always danced in his dreams. The women who belong to his past are relegated to the upper floors, the loft of his memories. "Don't trust him. He's a hypocrite", say the ghosts. The director would achieve happiness simply by being able to tell the truth without hurting anyone *and, above all, without feeling remorse or sorrow.*

The intellectual stalks Guido, who dreams of hanging him after his characters are accused of being approximations *and* non-existent. *The director is aware of having few friends on both sides of the political spec-*

Fellini, Giulietta Masina e Yvonne
Forneaux alla partenza per Cannes
1960

Fellini, Giulietta Masina and Yvonne
Forneaux leaving for Cannes
1960

un'invenzione, come la sua verità, anche se la moglie lo mette di fronte alla realtà. "Vuoi insegnare agli altri e non sei capace di dare niente", afferma.

La dolcezza di Claudia Cardinale, simbolo di purezza e di bellezza sincera, arriva nel finale per gettare sul piatto della storia gli ultimi dubbi. "Scegliere una cosa sola e farla diventare la cosa della tua vita. Rinunciare a tutto per una cosa. No, non ne sono capace", confessa il regista. La Cardinale vestita di bianco si muove in un paesaggio surreale notturno sconvolto da un vento incessante. Ascolta la storia che dovrebbe interpretare, comprende che il protagonista maschile non vuole bene a nessuno, non è capace di amare. La conclusione è amara: "Che imbroglione che sei. Non c'è nessuna parte. Non c'è nessun film". Il finale è *bagarre* completa con tutti i personaggi sulla scena, anche se non siamo al termine di una *pochade*. Il film, però, non si fa e la scenografia surreale viene smontata pezzo per pezzo.

Il regista è a corto di idee e trova la comprensione dell'intellettuale: "Noi bisogna restare lucidi sino alla fine. Ci sono già tante cose superflue al mondo. Distruggere è meglio che creare, se non si creano le cose necessarie. Siamo soffocati dalle parole e dalle immagini. Dobbiamo educarci al silenzio, fare l'elogio della pagina bianca, perché il nulla è la vera perfezione...". Il critico pronuncia citazioni su citazioni e si arroga il diritto - dovere di spazzare via tutto ciò che è inutile. Il film termina con le immagini di un set su una progettata pellicola di fantascienza, una base di lancio di un'astronave costata moltissimo che fa

trum. He'd like this film to be of his own invention, his own truth, even when his wife tries to bring him back down to reality. "You want to teach others but you're not able to give them anything", she claims.

Claudia Cardinale's character is a sweet symbol of purity and honest beauty. She makes her appearance at the end of the film and provides the director with yet more doubt. "To choose one thing only, and to turn that into the focal point of your life. To give up everything else for that. No, I couldn't do that", confesses the director. Cardinale is dressed in white as she walks in a surreal, wind-blown, night-time landscape. She listens to the story she must act in, and understands the male lead doesn't love anyone, that he's incapable of love. The conclusion is bitter: "You're a cheat. There's no part. There's no film". The ending is a free-for-all for the characters on set, even though this is no light comedy. However, filming doesn't go ahead and the surreal set is dismantled piece by piece.

The director is all out of ideas, and the intellectual offers his understanding and comfort: "We have to remain lucid right up until the end. In this world there's already so much that is superfluous. It's better to destroy than to create, if we don't create the right things. Words and images are suffocating us. We have to learn the art of silence, praise the blank page, because nothingness is the true form of perfection...". The critic quotes endlessly, and claims the right/duty to sweep away all that is useless. The film ends with an image of a science-fiction film set. There is an extremely expensive spaceship on a launchramp, the cost of which truly angered the producer. The director has no clue as to how to proceed. He doesn't know what to say, and prefers to throw in the

arrabbiare il produttore. Il regista non ha idee, non sa più che cosa dire, preferisce rinunciare e far smontare il baraccone. Fellini fa partire la musica da circo che simboleggia i primi lavori e termina con una fantastica passerella di personaggi che danzano sul tema di Nino Rota.

Otto e mezzo è un'autobiografia onirica, lo spettatore non deve attendersi niente di razionale, ma solo trovate geniali che interrompono un monologo tra il regista e se stesso. Fellini filma il suo pensiero, la sua immaginazione, le sue idee, i suoi sogni che tentano di mescolarsi tra loro. Arte, Memoria e Morte sono i grandi temi affrontati e sviscerati con sublime poesia. La stupenda colonna sonora di Nino Rota resta nella storia del cinema ed è un motivo suadente che riecheggia nella memoria. *Otto e mezzo* è un capolavoro che vince due Oscar: migliori costumi in bianco e nero a Piero Gherardi e miglior film straniero. La cosa più assurda è il titolo: indica il numero di regie realizzate da Fellini, che aveva esordito con un film in collaborazione. Nasce come provvisorio, ma alla fine viene scelto come titolo definitivo per un lavoro che è cinema nel cinema, visto che racconta l'avventura onirica di un regista che ha perduto l'idea per fare il film che aveva in testa. Mario Sesti ne *L'ultima sequenza* (2003) ha ricostruito la storia di un finale alternativo girato all'interno di un vagone ristorante di un treno.

Giulietta degli spiriti (1965) è il primo lungometraggio a colori di Fellini, dopo *Le tentazioni del dottor Antonio*, episodio contenuto in *Boccaccio 70*. Torna l'universo onirico espresso in *Otto e mezzo*, questa volta tradotto al femminile per far

towel and dismantle the set. At this point, Fellini sets off the circus music that symbolizes his early work. It ends with a fantastical parade of characters dancing to Nino Rota's score.

Otto e Mezzo *is a dreamlike autobiography. The viewer should not expect anything rational, only moments of genius that interrupt a one-way conversation the director holds with himself. Fellini records his thoughts, his imagination, his ideas, and his dreams which all try to mix with each other. Art, Memory, and Death are the themes he explores with sublime poetry. Nino Rota's magnificent score made cinematographic history. It's a catchy, winning tune that stays in your head.* Otto e Mezzo *is a masterpiece. It won two Oscars: Best Costumes in black and white for Piero Gherardi, and Best Foreign Film. The most absurd thing of all is the title: it indicates the number of films Fellini had directed up until that point (the ½ refers to his first film, which had been a collaboration). At first it was supposed to have been a provisory title, but in the end it was chosen as the definitive title for a film which presents cinema within cinema. It's really no surprise, given that it tells of a director's dreamy adventures as he loses the idea he had for a film. In Mario Sesti's book* L'Ultima Sequenza *(2003), an alternative ending was constructed, taking place in a train's restaurant carriage.*

Giulietta degli Spiriti *(Juliet of the Spirits - 1965) was Fellini's first feature-length film in colour after* Le Tentazioni del Dottor Antonio. *The dreamlike universe seen in* Otto e Mezzo *makes its return. This time, however, it's explored from a woman's point of view, highlighting a betrayed woman's obsessions and desires. These ideas would crop up in all of the director's subsequent films.* Giulietta (Giulietta Masina)

Giulietta degli spiriti set
1965

riferimento alle ossessioni e ai desideri di una donna tradita. Saranno suggestioni che torneranno sempre nei lavori successivi del regista.

Giulietta (Giulietta Masina) e Giorgio (Mario Pisu) festeggiano l'anniversario di matrimonio insieme ad alcuni amici, ma la loro unione è in crisi. Giorgio ha un'amante. La moglie se ne rende conto da molti particolari: un telefono che squilla e all'altro capo nessuno risponde quando lei solleva la cornetta, un nome di donna sussurrato di notte, troppe assenze da casa…Giulietta Masina è una signora borghese che vede crollare le sue certezze, anche per colpa di un'educazione cattolica che le fa vivere visioni angosciose. Giulietta ricorre a medium, psicanalisti e persino a un veggente indiano per trovare conforto, ma non ottiene nessun risultato. Decide di far seguire il marito da un investigatore privato e soltanto allora si vede consegnare le prove del tradimento. Parla con la vicina di casa Suzy (Sandra Milo) che vorrebbe introdurla in un mondo artificiale fatto di vizi e lusinghe. Giulietta fugge via inorridita da una vita che non è la sua, parla al telefono con l'amante del marito, ma comprende che non serve a niente. Alla fine lascia partire Giorgio per un viaggio con l'amante, nasconde la consapevolezza del tradimento e comprende che può trovare aiuto solo credendo in se stessa. Non servono sesso, psicanalisi e rimedi esoterici, ma la fede in un futuro migliore.

Fellini compie un altro viaggio nella spiritualità cattolica e affronta il bilancio di una vita condotta secondo certi valori morali. Giulietta Masina è brava a interpretare una donna che vorrebbe uscire da un personaggio che la vita le ha costru-

and Giorgio (Mario Pisu) celebrate their wedding anniversary together with their friends. However, their marriage is deeply in crisis, since Giorgio is having an affair. Giulietta becomes aware of this fact as a result of certain peculiar occurrences: the phone rings and nobody responds when she answers, a woman's name whispered in the night, her husband's all too frequent absences… Giulietta Masina's bourgeois wife sees her certainties crumble away. This is partly due to her catholic upbringing, and the distressing visions it brings her. Giulietta turns to spiritual mediums, psychoanalysts, even a Hindu clairvoyant in order to find some comfort. Her efforts prove to be fruitless. She decides to hire a private investigator to follow her husband, and only then does she receive the proof of her husband's infidelity. She speaks to her neighbour, Suzy (Sandra Milo) about the situation. Suzy attempts to introduce her to an artificial world of vice and iniquity. Horrified, Giulietta runs from a life that isn't her own. She calls her husband's lover, but realizes that it's a futile gesture. In the end she lets Giorgio leave on a trip with his lover, burying her awareness of the betrayal. She understands that only belief in herself can help her. She doesn't need sex, psychoanalysis, or esoteric remedies: only faith in a better future.

Fellini lights out on another journey into catholic spirituality, and explores the thin line one must tread in a life lead according to certain moral values. Giulietta Masina excellently portrays a woman longing to escape the character that life has built for her. Sandra Milo is perfect in her three roles: Giulietta's neighbour, a libertine grandfather's lover, and a spirit. Giulietta degli Spiriti is less sincere than Fellini's previous films. It seems a little more artifi-

ito addosso. Sandra Milo è perfetta nella triplice interpretazione della vicina di casa, dell'amante di un nonno libertino e di uno spirito. *Giulietta degli spiriti* è meno sincero dei film precedenti, risente di maggiori forzature e concessioni alla spettacolarità, ma presenta alcune parti oniriche indimenticabili. Giulietta sin da piccola vede gli spiriti e questa caratteristica consente al regista di inserire *flashback* e sequenze fantastiche. "Mi facevano paura ma era bellissimo", dice Giulietta mentre sogna l'infanzia. Uno spirito vestito di rosso trascina sul bagnasciuga della spiaggia una strana barca carica di esseri mostruosi, mentre la musica suadente di Nino Rota crea un'atmosfera da fiaba. Un'altra stupenda parte onirica è il *flashback* sulla storia del nonno in fuga con la ballerina (Sandra Milo), con Giulietta che immagina la coppia a bordo di un aereo del circo. Un nuovo sogno fantastico riporta Giulietta al passato, fa rivivere la scuola delle suore, ai tempi in cui recitava nel teatrino parrocchiale e credeva che Dio si nascondesse dentro sportelli chiusi. Notevole anche la parte in cui Giulietta resta affascinata dall'amico spagnolo José che recita Garcia Lorca, confeziona *sangria* (bevanda dell'oblio) e mette in scena ricordi di corride. Un altro motivo interessante è la televisione, elettrodomestico che prende campo nella vita quotidiana e che riunisce le famiglie per assistere ai programmi serali. Tra le parti oniriche ricordiamo frequenti apparizioni di spiriti del passato: l'amica suicida per amore a quindici anni, l'intransigente preside del collegio cattolico, il nonno libertino e anarchico che interrompe la recita per salvarla dalle fiamme del rogo. Le voci tentatrici cerca-

cial, and sometimes tries a little too hard to be spectacular. However, the film contains some unforgettable dreamlike sequences. Since her childhood, Giulietta has been able to see spirits, and this trait allows the director to inserts flashbacks and fantastical scenes. "They frightened me, but it was so beautiful", says Giulietta as she dreams of her infancy. A red-clad spirit drags a strange boat full of monstrous beings down the beach, as Nino Rota's persuasive music creates a fairy-tale atmosphere. Another magnificently esoteric scene is provided by the flashback in which Giulietta imagines the old grandfather escaping with the dancer (Sandra Milo) on board a circus aeroplane. Then Giulietta is transported to the past via yet another fantastical dream. She once again sees the school run by nuns, back when she used to act in the parish theatre, and believed God was to be found hiding behind closed cupboard doors. A further scene worth a mention is that in which Giulietta is charmed by her Garcia Lorca-reciting Spanish friend José. They make sweetly intoxicating sangria and speak of his memories of corridas. Television provides an interesting theme in this film. This household electrical appliance takes its place in everyday and brings families together to watch prime-time programming in the evening. Spirits of the past appear frequently in the dreamlike sequences: the friend who'd killed herself because of love at fifteen years of age, the catholic school's strict head, the anarchic, old libertine who interrupts the school play to save her from being burned on a bonfire. Voices attempt to seduce Giulietta to follow in Suzy's decadent path, but these are contested by other voices that implore her to always be herself. The spirits' advice changes from an implacable avenge yourself, to a more catholic forgive him. Giuletta's world

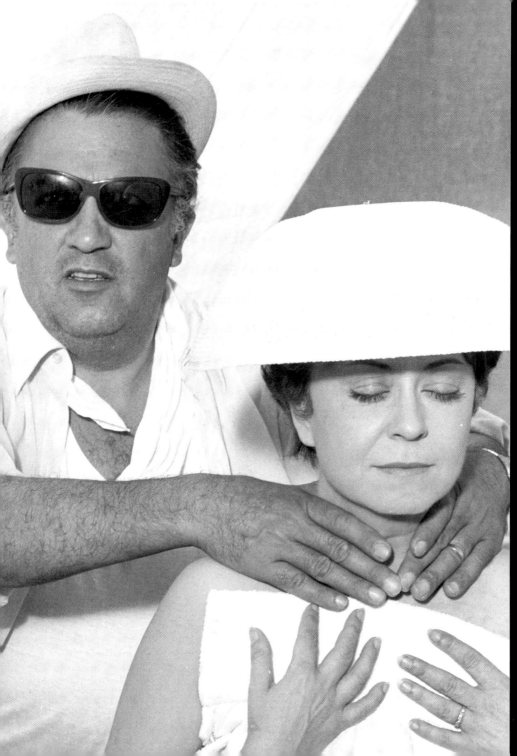

Fellini e la Masina sul set
di Giulietta degli spiriti
1965

*Fellini and Masina on the set
of Giulietta degli spiriti
1965*

no di convincere Giulietta a seguire l'esempio vizioso di Suzy, ma si alternano ad altre che le implorano di non cambiare ed essere sempre se stessa. Il consiglio degli spiriti passa da un implacabile *vendicati* a un cattolico *perdona*, mentre Giulietta sente crollare un mondo costruito sulla presenza di un marito che era amante, padre e unica sicurezza della vita. Il finale è un trionfo di poesia onirica, tra ricordi di giorni felici (il fidanzamento), abbracci d'amore e immagini del suicidio della giovane amica che la spinge a fare la stessa scelta. Tornano gli spiriti del passato e affollano la sua mente, ma alla fine è il fantasma del nonno che libera Giulietta dai lacci dell'oppressione religiosa, che la scioglie da un rogo immaginario dove è stata messa sin da piccola. Giulietta saluta i fantasmi e gli spiriti, il nonno parte con un aereo che non è diretto in nessun posto perché è soltanto una creazione fantastica. "Tu sei la vita", sussurra. Il segreto sta nel saper ricominciare con più fiducia nell'avvenire e aprire le porte al futuro. Adesso Giulietta sente soltanto voci di spiriti positivi, di veri amici.

Giulietta degli spiriti è una commedia borghese sul tradimento come in Italia difficilmente se ne sono concepite, più vicina ai lavori di Woody Allen che alla commedia nostrana. Fellini approfondisce il tema della crisi coniugale, già anticipata da *Otto e mezzo*, in parte autobiografica, che sta molto a cuore al regista. Al tempo stesso è un concentrato di realtà, ricordo e allucinazione che si fondono e vanno a formare un affascinante corpus narrativo. Le musiche sono di Nino Rota, la fotografia è di Gianni Di Venanzo. Ennio Flaiano firma l'ultima collaborazione con Fellini.

was built around her husband: her lover, father, and the only certainty in her life. This world begins to fall apart. The finale is a triumph of dreamy poetry: memories of happier days (their engagement), warm embraces, as well as images of her friend's suicide (and her escape from the same fate). The spirits of the past return and infest her thoughts. However, in the end, the ghost of the old grandfather frees Giulietta from the bonds of religious oppression, taking her down from the bonfire she had been tied to since her childhood. Giulietta bids the ghosts and spirits farewell, and the grandfather leaves on a plane without a destination, as it's only a figment of the imagination. "You are life", she whispers. The trick is knowing how to begin again, with faith in what is to come, and to open the doors to the future. In the end, Giulietta hears only positive spiritual voices: true friends.

Giulietta degli Spiriti is a bourgeois comedy on the theme of infidelity, the likes of which is rarely – if ever – seen in Italy. It resembles more closely the work of Woody Allen than any Italian productions. The theme of marital crisis was important for Fellini, and having delved into it in Otto e Mezzo, he explores it more deeply, and in a partly autobiographical manner, in this film. At the same time, it's a combination of reality, memories, and hallucinations, that all blend to form a fascinating narrative body. Nino Rota provided the score, while photography was by Gianni Di Venanzo. This was to be Ennio Flaiano's final collaboration with Fellini. Brunello Rondi and Tullio Pinelli were the other scriptwriters.

Tre Passi nel Delirio (Spirit of the Dead - 1967) was an Italian/French film, produced in segments. The episodes – directed alternately by Roger Vadim, Louis Malle, and Federico Fellini – were inspired by Edgar

Sul set dell' episodio Toby
Dammit del film Tre passi
nel delirio
1967

*On the set of the Toby
Dammit episode from the
movie Tre passi nel delirio
1967*

Brunello Rondi e Tullio Pinelli sono gli altri sceneggiatori.

Tre passi nel delirio (1967) è un film a episodi di produzione italo - francese girato da Roger Vadim, Louis Malle e Federico Fellini, ispirato ai *Racconti straordinari* di Edgard Allan Poe.

Roger Vadim gira *Metzengerstein*, storia di una contessa che provoca un incendio per uccidere un cugino che l'ha respinta ma fa la stessa fine. Louis Malle filma *William Wilson*, per raccontare il duello tra un ufficiale e un sosia surreale che compare davanti ai suoi occhi per impedire di compiere azioni disoneste. Federico Fellini gira *Toby Dammit* ispirandosi al racconto *Non scommettere la testa col diavolo*, interpretato da Terence Stamp, Salvo Randone, Polidor (Ferdinand Guillaume), Milena Vukotic e Antonia Pietrosi. La storia racconta la vita di un attore alcolizzato che accetta di girare un western italiano in cambio di una Ferrari, ma finisce per morire dopo una folle corsa. Fellini non rinuncia a fare il suo cinema e a mettere un marchio d'autore anche in una pellicola di genere fantastico, perché la storia passa in secondo piano quando il regista esprime il suo mondo interiore. Toby Dammit è un personaggio complesso, viene in Italia controvoglia, è strafottente con giornalisti e televisione. I produttori della pellicola sono uomini di Chiesa che vogliono fare un western cattolico e raccontare il ritorno di Cristo in una desolata terra di frontiera. Fellini gira con stile inconfondibile, esprime le sue idee sulla religione, inserisce scene di suore, parti musicali ispirate al circo, parentesi a base di clown (Polidor), polemica nei confronti dei media e dei premi cinematografici.

Allan Poe's tales.
Roger Vadim directed Metzengerstein, *the story of a countess who starts a fire in order to murder a cousin who had rejected her amorous advances. In the end, however, she suffers the same fate.* William Wilson *was the episode filmed by Louis Malle, and it tells of a duel between an officer and a bizarre look-alike who appears magically before him to prevent him from carrying out evil deeds. Federico Fellini directed* Toby Dammit, *inspired by the tale* Never Bet the Devil Your Head. *The cast included Terence Stamp, Salvo Rondone, Polidor (Ferdinand Guillaume), Milena Vukotic, and Antonia Pietrosi. The story tells of an alcoholic actor who agrees to star in an Italian western film in exchange for a Ferrari. In the end he is killed in a high-speed crash. Fellini does not forsake his own style, and puts his mark even on this fantasy genre film: the story takes a back seat, as the director begins to portray his own inner world. Toby Dammit is a complex character. He comes to Italy against his own will, and displays extreme arrogance both with the press and on television. The film's producers are church-going people. They wish to make a catholic western, in which Jesus Christ makes his return to Earth, at a desolate, forbidding frontier town. Fellini's direction style is unmistakeable: he expresses his own ideas on religion, inserts scenes with nuns, circus-style music, the appearance of clowns (Polidor), and he criticises the media and cinematographic awards. "I believe in the devil, not in God", claims Toby Dammit during an interview. The film criticises religion, the clergy, the world of cinema, useless awards and gala evenings. "Why did you call me?", shouts the drunken actor, shortly before a dangerously high-speed run in his Ferrari. The finale is pure horror cinema: a ball*

Nella sua veste tipica sul set di
Giulietta degli spiriti
1965

His typical moves on set of
Giulietta degli spiriti
1965

"Non credo in Dio ma nel diavolo", dice Toby Dammit durante un'intervista. Il film è critico nei confronti della religione, del clero, del mondo cinematografico, degli inutili premi e delle serate di gala. "Perché mi avete chiamato?", grida l'attore ubriaco prima di una folle corsa in Ferrari. Il finale con il fantasma di una bambina che raccoglie la testa mozzata dell'attore, mentre la palla rimbalza accanto a un corpo privo di vita è puro cinema dell'orrore.

Tre passi nel delirio è una trilogia horror atipica per i tre registi, non del tutto riuscita, ma con esiti altalenanti e frammentari.

L'episodio di Vadim non convince perché spinge sull'erotismo di Jane Fonda, che avrà maggior successo come *Barbarella* (1968). Malle mette in scena un lavoro mediocre che si perde in psicologismi e in una tematica che approfondisce lo sdoppiamento della personalità. Fellini salva la pellicola partendo dal racconto di Poe e dal nome del protagonista per realizzare una storia nuova. L'horror di Fellini è un incubo delirante che mette in primo piano i perversi meccanismi del mondo dello spettacolo e fa da cartina di tornasole per gli orrori quotidiani. Il regista parte dal personaggio di una novella fantastica per approfondire le angosce e le oppressioni del'esistenza contemporanea. Per realizzare *Toby Dammit* Fellini si ispira a *Operazione paura* (1966) di Mario Bava, per il personaggio della bambina-fantasma che appare e scompare con una palla in mano.

Block-notes di un regista (1969) è un film confessione dove Fellini parla di se stesso, dei film che sta realizzando e di altri mai completati. Fellini è

bounces beside the actor's decapitated body, and the ghost of a little girl picks up the lifeless head.

Tre Passi nel Delirio *was a horror trilogy unlike anything the three directors had done before. The result was only partly a success, having its ups and downs, and making a rather fragmentary whole. Vadim's episode wasn't really convincing enough, as it relied too much on Jane Fonda's eroticism. She would go on to be more successful in* Barbarella *(1968). Malle produced a mediocre work that loses itself in excessive psychology and a theme which explores dual personalities. Fellini saved the film, taking Poe's tale and the lead character's name, and creating a different story around them. Fellini's version of horror is a delirious nightmare. He focuses on the perverse mechanisms of show business, and reflects the horrors of everyday life. The director uses the character from a fantasy novella to explore the angst and oppression of contemporary existence. In creating* Toby Dammit, *Fellini was inspired by a character in Mario Bava's* Operazione Paura *(1966): the little girl/ghost who appears and disappears carrying a ball.*

Block-notes di un Regista *(A Director's Notebook 1969) is Fellini's confession. In it, he talks about himself, the films he's working on, and other films that were never completed. Fellini is the protagonist of a dreamlike documentary that begins with a look at the unused set of* Il Viaggio di G. Mastorna. *It continues with a chat about* Satyricon, *ancient Rome and analogies with contemporary reality. Fellini narrates his life for the viewers, visits Mastroianni for a photo shoot, and goes to an abattoir in order to see faces which would contain* the dark air of blood.

He meets extras on set, watches prostitutes along the Appian Way, and the truck drivers who do business

protagonista principale di un documentario onirico che comincia con la visita alle scenografie inutilizzate per *Il viaggio di G. Mastorna*, prosegue con una chiacchierata sul *Satyricon*, su Roma antica e sulle analogie con la realtà contemporanea. Fellini si racconta al pubblico, fa visita a Mastroianni per un servizio fotografico, si reca al mattatoio per incontrare volti che esprimano *l'aria cupa del sangue*, incontra comparse nel suo studio, osserva passeggiatrici sulla via Appia e camionisti che si intrattengono con loro. *Blocknotes di un regista* dovrebbe essere un film sulla lavorazione del *Satyricon* girato per tener fede a un contratto con la Nbc. Il genio del regista viene fuori lo stesso, perché Fellini non si può limitare a un *backstage*, a un film di montaggio e a un *dietro le quinte* della pellicola maggiore. La macchina da presa di Fellini fa miracoli, mette in luce la propria immagine di regista visionario e bizzarro, trasforma dipendenti del mattatoio in gladiatori romani e usa la metropolitana per scendere nelle viscere di Roma alla ricerca dei suoi antichi abitanti. Fellini fa capire che non tradisce il suo stile neppure con un film storico, perché raccontando la storia antica e i vizi del passato fa una critica del presente. Fellini scrive *Block - notes di un regista* con la collaborazione di Bernardino Zapponi, la fotografia è di Pasqualino De Santis e la musica dell'immancabile Nino Rota. Il film nasce come un prodotto da 52 minuti, ma Fellini lo riduce a 36 per l'edizione italiana, tagliando l'intervento di Giulietta Masina che ricorda il personaggio dell'uomo col sacco de *Le notti di Cabiria*.

with them. Block-notes di un Regista *was supposed to have been a documentary on the making of* Satyricon, *made as part of a contractual obligation with NBC. The director's genius shines through all the same, because Fellini would not limit himself to a montage or quick behind-the-scenes look at the bigger film. Fellini works miracles with his camera. He highlights his own image of a surreal, visionary director. He transforms the abattoir workers into Roman gladiators, and uses the subways to sink deep into the bowels of Rome, in search of its ancient denizens. Fellini shows that he would not betray his own particular style, not even in a historical film: he makes a critique of the present using ancient history and vices of the past. Fellini wrote* Block-notes di un Regista *together with Bernardino Zapponi. The photography was by Pasqualino De Santis and the score was inevitably composed by Nino Rota. The film was originally 52 minutes long, but Fellini edited it to 36 minutes for the Italian edition. Giulietta Masina's part, in which she recalled the man with the sack in* Le Notti di Cabiria, *was cut.*

Lo sperimentalismo e la libertà espressiva del Satyricon

Fellini Satyricon (1969) è un film ispirato all'opera di Petronio Arbitro e possiamo definirlo una Dolce vita ai tempi dell'antica Roma che racconta l'educazione sentimentale di Encolpio (Martin Potter) e Ascilto (Hiram Keller).

Fellini ci trasporta nella Roma imperiale e mostra le dissolutezze di un mondo in decadenza raccontando le esperienze erotico - picaresche di due omosessuali vagabondi. Ricordiamo la memorabile cena imbandita dal liberto arricchito Trimalcione (Il Moro - Mario Romagnoli), i salotti intellettuali dove si mette in scena il niente, l'assassinio del tiranno Lica, l'incontro con l'ermafrodito e il confronto con il Minotauro. Si comincia con la lotta tra Encolpio e Ascilto per il possesso del giovane amante Gitone (Max Born) e nella scena seguente viene citato il teatro farsesco di Plauto, dove vediamo il volto lunare di Alvaro Vitali. La pellicola prevede alcune sequenze di amore omosessuale ma sono girate con molta delicatezza, il regista si limita a far intuire mostrando carezze e corpi abbracciati dopo una notte di sesso. Notiamo alcune sequenze ai limiti dello *splatter* con il sangue che schizza fuori da mani mozzate, teste tagliate e animali sacrificati. Tutto materiale che farà la gioia degli emuli della serie B come Joe D'Amato che porteranno all'eccesso questa poetica nei film di ispirazione romanistica. Il regista filma un delirio onirico di amore e morte in una Roma imperiale in pieno decadimento morale, tra cene infinite, sesso e misteriosi assassini.

La cena di Trimalcione è la parte che più si ispira

Satyricon's Experimentalism and Freedom of Expression

Fellini Satyricon *(1969) is a film inspired by Petronio Arbitro's novel, and can be defined as an Ancient Roman version of* La Dolce Vita. *It tells of Encolpio's (Martin Potter) and Ascilto's (Hiram Keller) emotional education. Fellini takes us back to the Roman empire and shows us a decadent world of debauchery, focusing on the roguish, erotic adventures of two wandering homosexuals. Scenes worth noting are the memorable dinner served up by Trimalcione (Il Moro – Mario Romagnoli), the rich freedman, the halls of intellect where no plays are ever performed, the assassination of the tyrannical Lica, the arrival of the hermaphrodite, and the meeting with the Minotaur. In the beginning, Encolpio and Ascilto fight over possession of potential young lover Gitone (Max Born), and in the next scene, Fellini cites Plauto's farcical theatre, as we see Alvaro Vitali's pallid expression. The film's scenes of homosexual coupling are delicately done, the director limiting himself to hints and shots of caresses and embracing bodies after a night of love. There are also a few rather gory scenes, in which blood spurts from stumps where hands have been cut off, beheadings, and various sacrificed animals. B-movie directors such as Joe D'Amato found an abundance of inspiration in all this, and would take the poetry found within to extreme levels in ancient Roman films. Fellini creates a deliriously dreamlike look at love and death in a Roman empire characterised by total moral decadence, endless feasts, sex, and mysterious assassins.*

Fellini con Yul Brynner
1970

Fellini with Yul Brynner
1970

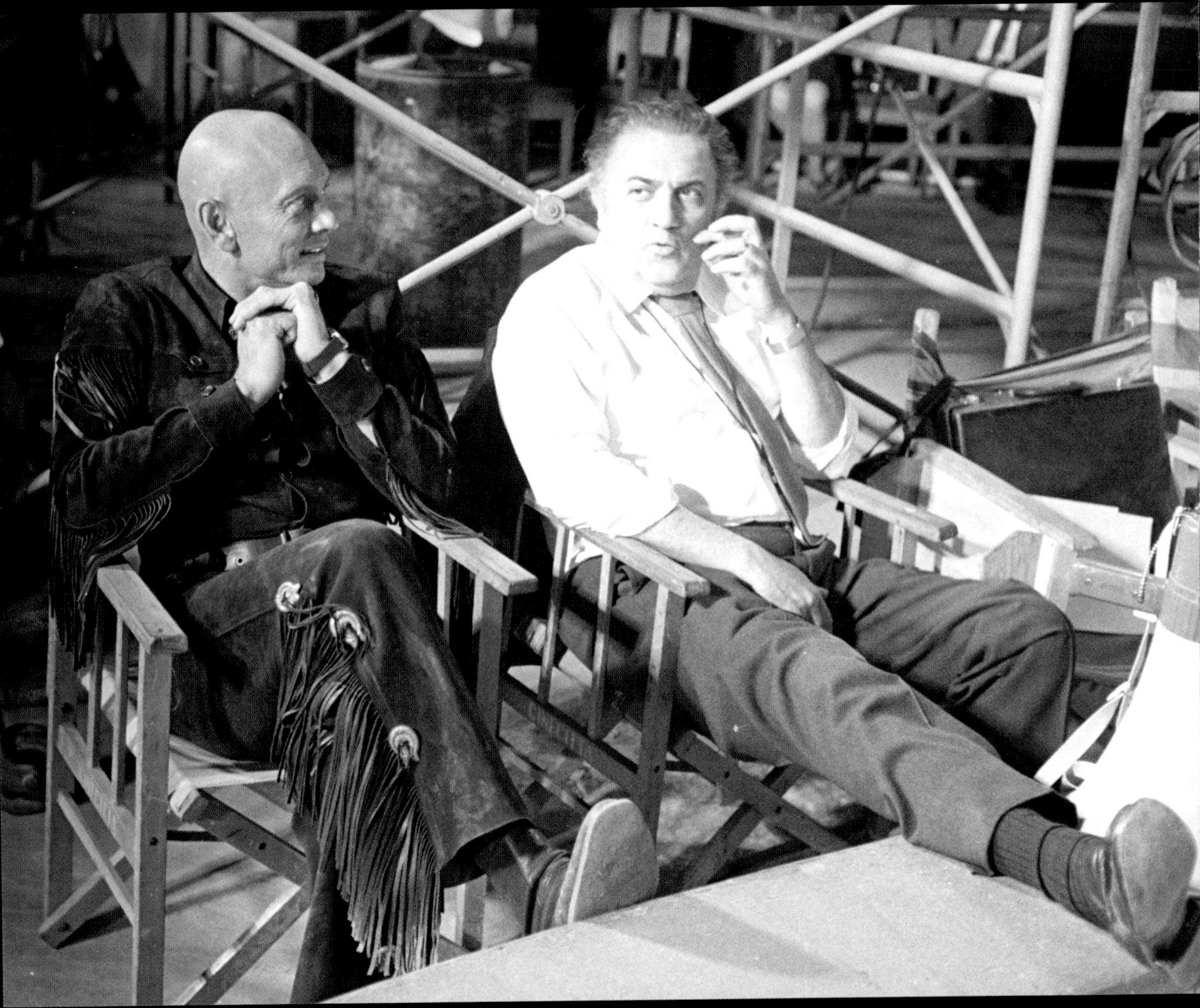

al romanzo di Petronio Arbitro ed è una ricostruzione fedele di un'orgia romana tra eccessi di ogni tipo. Trimalcione è così rozzo da pretendere affetto dalla moglie solo perché l'ha comprata e vuole essere incoronato poeta perché offre a tutti da mangiare. Le sequenze che mostrano il rito funebre in suo onore e il monumento cimiteriale predisposto prima della morte completano la critica alla nuova borghesia priva di cultura. Fellini parla di Roma ma vuol far intendere che nella nostra società contemporanea la situazione non è molto diversa. Altre scene interessanti sono il matrimonio omosessuale sulla nave del tiranno che vede protagonista Encolpio, tra effusioni e legami di sangue santificati da sacrifici animali. La lotta nel labirinto tra Encolpio e il Minotauro - un uomo mascherato con la testa di toro - è un gioiello cinematografico e ricorda il cinema western di Sergio Leone. Il duello si svolge in un'arena polverosa, sotto un sole cocente e un vento incessante che sferza i volti dei contendenti. Luigi Montefiori è il Minotauro e inaugura la sua attitudine a futuri ruoli mostruosi sotto la guida di registi del cinema di genere (*Antropophagus*). Un'altra parte interessante di cinema fantastico mostra una donna condannata da un mago ad avere il fuoco tra le gambe e a soffrire ogni volta che gli uomini vengono ad accendere le loro torce. Encolpio potrebbe diventare ricco perché il poeta Eumolpo nomina erede chi si nutrirà delle sue carni, ma rifiuta di compiere un atto di cannibalismo e resta solo con il suo sconforto, dopo la morte di Ascilto. Il poetico finale è composto da una serie di dissolvenze e primi piani, ma si stempera su alcuni dipinti nella roc-

Trimalcione's dinner feast is the part which most closely follows Petronio Arbitro's novel. It's an accurate reconstruction of a Roman orgy where anything goes. Trimalcione is uncouth to the point of expecting affection from his wife for the sole reason that he has bought her, and wants to be crowned as a poet simply because dinner is on him. The critique on the new bourgeoisie and its total lack of culture is clearly put across in the scene featuring Trimalcione's funeral rites, and the cemetery monument that was prepared before his death. Fellini depicts ancient Rome, but wants the public to understand that the situation is not dissimilar in contemporary society. Another noteworthy scene is that of Encolpio's homosexual marriage aboard the tyrant's ship, featuring displays of love and blood-ties sanctified by animal sacrifices. The battle in the labyrinth between Encolpio and the Minotaur – a man wearing a bull's head mask – is a gem in the history of cinema, and recalls Sergio Leone's western films. The duel takes place in a dusty arena under a beating sun, as a hard wind sets about the fighters' faces. Luigi Montefiori plays the Minotaur, and he displays his bent for future monstrous roles under directors of the niche Antropophagus *genre. The film contains a further interesting fantastical part, in which a wizard condemns a woman to have a permanently lit fire between her legs. She is to suffer every time men come to her to light their torches. Encolpio gets the chance to become rich, when the poet Eumolpo declares that who will feast of his flesh will be his heir. However, Encolpio refuses to carry out an act of cannibalism, and remains alone and in a state of depression after Ascilto's death. The poetic ending is composed of a series of close-ups, and shots that fade in and out, which then dissolve into a group of paint-*

Durante una pausa sul set
de La dolce vita
1960

During a break on the set of
La dolce vita
1960

cia che raffigurano i protagonisti della storia.

La pellicola non ha una vera e propria unità narrativa, ma è strutturata come un contenitore di avventure e storie raccontate dai protagonisti, che si caratterizza per un'atmosfera surreale e decadente. Il film è girato quasi completamente in interni e le scenografie sono ricostruite con cura nei teatri di posa, seguendo le indicazioni che fornisce lo storico Jerôme Carcopino nel suo libro *La vita quotidiana a Roma all'apogeo dell'Impero*. Gli esterni cominciano nella seconda parte e sono girati sull'isola di Ponza, a bordo di una nave dopo la cattura del tiranno Lica, ma anche in paesaggi terrestri polverosi e ventosi che ricordano le scenografie del western all'italiana. Fellini inquadra volti umani in primo piano, particolari di occhi, mentre in sottofondo il mare rumoreggia e il vento solleva pulviscolo e sabbia. A tratti pare di vedere lo stile di Sergio Leone, come se due grandi artisti del cinema italiano si contaminassero a vicenda. Fellini confeziona paesaggi notturni con un sole rosso intenso al tramonto che costituiscono un'ulteriore nota artistica della pellicola. Molto del merito va agli scenografi Danilo Donati (anche costumi) e Luigi Scaccianoce, ma pure al direttore della fotografia Giuseppe Rotunno. Impeccabile il montaggio di Ruggero Mastroianni e ottime le musiche di Nino Rota. Il *Satyricon* guadagna quattro Nastri d'Argento: miglior attore non protagonista (Fanfulla), miglior fotografia a colori, miglior scenografia e migliori costumi.

Il romanzo di Petronio Arbitro è soltanto la scusa di partenza per raccontare un'altra storia e per affrontare temi diversi. Nel film di Fellini non

ings in stone which portray the story's characters.

The film doesn't really have true narrative unity. It's structured rather like a magazine containing stories and adventures as told by the protagonists, and characterised by a decadent and surreal atmosphere. The film was shot almost entirely in studios, and the sets were meticulously prepared according to the instructions provided by Jerôme Carcopino in his book Daily life in ancient Rome. The people and the city at the height of the Empire. *We begin to see exterior shots in the second half of the film. These scenes were shot on the island of Ponza. They include the parts filmed on board the ship after the capture of the despotic Lica, and the dusty, wind-blown landscapes that evoke spaghetti western sets. The director shoots close-ups of the protagonists' expressions, focusing on details in their eyes, while the sea roars in the background and the wind stirs up dust and sand. At some point there is the distinct impression of seeing Sergio Leone's style, as if two greats of Italian cinema had simultaneously influenced each other. Fellini creates night-time landscapes featuring an intensely red setting sun, adding to the film's artistic qualities. Much of the merit goes to the set designers Danilo Donati (who also designed the costumes) and Luigi Scaccianoce, but also to the director of photography, Giuseppe Rotunno. Ruggero Mastroianni's editing was impeccable, and the score by Nino Rota's was outstanding.* Satyricon *won four* Nastro d'Argento *awards: Best Supporting Actor (Fanfulla), Best Colour Photography, Best Set Design, and Best Costumes.*

Petronio Arbitro's novel is simply a pretext to tell another story featuring various different themes. There's no trace of irony or interest in exposing and ridiculing Roman imperial decadence in Fellini's

Fellini e Carlo Ponti alla conferenza
stampa per Boccaccio 70
1961

*Fellini e Carlo Ponti at Boccaccio 70
press conference
1961*

c'è traccia di ironia e non interessa mettere alla berlina la decadenza di Roma imperiale. Il regista coltiva i suoi deliri onirici di Amore e Morte, quasi compiacendosi di certe situazioni estreme. Il film fa scalpore per la grande libertà espressiva, ma rivisto oggi lascia abbastanza indifferenti e non si può classificare tra i migliori lavori di Fellini. Nonostante tutto ottiene una *nomination* all'Oscar. Tra gli attori sono degni di menzione anche Lucia Bosé, Salvo Randone e Magalì Noël. Il *Satyricon* presenta la curiosità di un debuttante come Alvaro Vitali che diventerà un'icona della commedia sexy. Il soggetto è di Brunello Rondi, mentre sono responsabili della sceneggiatura Federico Fellini e Bernardino Zapponi. Fellini definisce il *Satyricon* come "un saggio di fantascienza del passato", anche se la critica contemporanea non lo esalta più di tanto, criticando un eccesivo sperimentalismo. Oggi abbiamo compreso che il film è una critica della società contemporanea e che Fellini si serve della decadenza morale di Roma imperiale per mettere all'indice la nostra decadenza. La pellicola è un contenitore di simboli onirici: un mondo di rovine, un museo con opere classiche già antiche e i personaggi che sfilano su un carrello, i cannibali che divorano il corpo del poeta. Fellini ambienta la sua storia nella Roma decadente, ma parla dei nostri incubi, delle perversioni contemporanee e di una società malata.

Non poteva mancare una satira farsesca del *Fellini Satyricon* come *Satiricosissimo*, girata nel 1970 da Mariano Laurenti e interpretata da Franco Franchi e Ciccio Ingrassia con la partecipazione di Edwige Fenech e Karin Schubert. Ciccio

film. The director cultivates his dreamy and delirious reflections on Love and Death, with almost a feeling of self-satisfaction in a certain few extreme situations. When first released, the film caused quite a stir due to its liberty of expression. Nowadays, however, the viewer may well watch it with indifference, and it cannot be considered to be one of Fellini's greatest films. Nevertheless, Satyricon *was nominated for an Oscar. The actors Lucia Bosé, Salvo Randone, and Magalì Noël provided worthy performances in their roles. The film also gave us Alvaro Vitali's debut, who would go on to become an icon of the* commedia sexy *(bawdy Italian comedy) genre. The story was written by Brunello Rondi, while Federico Fellini and Bernardino Zapponi wrote the screenplay. Fellini defines* Satyricon *as a "science-fiction essay on the past", although it was not lauded by contemporary critics, who accused the film of excessive experimentalism. Today it is understood that the film is a critique of contemporary society, and that the director used imperial Rome's moral decadence to point out our own decline. The film is a veritable catalogue of magical, dreamlike symbolism: a world of ruins, a museum containing classical works that are already ancient, characters who move about in a carriage, cannibals devouring the poet's body. Fellini sets his story in decadent Rome, but he speaks of our nightmares, contemporary perversions, and the ills of society. As was the trend at the time, a farcical satire on* Satyricon *was subsequently produced.* Satiricosissimo *was filmed in 1970 by Mariano Laurenti, starring Franco Franchi and Ciccio Ingrassia, and featuring Edwige Fenech and Karin Schubert. Ciccio tells his friend the story of Petronio's* Satyricon, *the latter falling asleep and dreaming of ancient Rome. The two ac-*

Fellini e Luchino Visconti

Fellini and Luchino Visconti

racconta il *Satyricon* di Petronio all'amico che si addormenta e viaggia con la fantasia nell'antico mondo romano. I nomi dei due attori sono niente meno che Cratone e Cratino e le battute si sprecano, sia su Petronio che su Fellini. Petronio: "Che ne sapete voi del mio *Satyricon*? Non l'ho ancora scritto". Franco: "E non lo scriva. Pensa che fregatura per Fellini…". Gian Luigi Polidoro, invece vuol fare un film serio e precede l'uscita del *Fellini Satyricon* di un anno con il suo *Satyricon* (1968), ma gira una sceneggiatura di Rodolfo Sonego sulla dissolutezza imperiale romana priva di inventiva e piuttosto manieristica. Don Backy (Aldo Caponi) e Franco Fabrizi sono i protagonisti in fuga dai soldati di Nerone che finiscono per incappare in una serie di mirabolanti avventure. Ugo Tognazzi, Tina Aumont, Mario Carotenuto e Francesco Pau completano il cast di una pellicola storica che inaugura la moda dei film *romani*, un vero e proprio sottogenere del fiorente cinema italiano di fine anni Sessanta. Il film si ricorda per le sequenze durante la cena organizzata dal ricco Trimalcione, interpretato da un Tognazzi ben calato nella parte. Mario Carotenuto è il poeta Eumolpo e Tina Aumont interpreta la ninfomane Circe.
Niente a che vedere con Fellini…

*tors' names are Cratone and Cratino (a play on words on the Italian word for "cretin"), and there's no end to the jokes and witticisms at both Petronio's and Fellini's expense. Petronio: "What do you know about my Satyricon? I haven't even written it yet". Franco: "Well, don't write it. What'll Fellini do then…?" Gian Luigi Polidoro, on the other hand, wanted to make a serious film. His Satyricon was released the year before Fellini's (1968). With Rodolfo Sonego's screenplay, Polidoro's take on imperial Roman debauchery lacked original ideas and was done in a rather mannered style. Don Backy (Aldo Caponi) and Franco Fabrizi are the lead characters, on the run from Nero's soldier's, and ending up in a series of amazing adventures. Ugo Tognazzi, Tina Aumont, Mario Carotenuto, and Francesco Pau complete the cast of a historical film which ushers in the age of Roman films: a veritable sub-genre of Italy's blooming cinematographic industry in the late 1960's. The film is memorable for the scenes at Trimalcione's rich feast, with Tognazzi well-immersed in the role of the host. Mario Carotenuto plays the poet Eumolpo, and Tina Aumont takes on the role of Circe, the nymphomaniac.
As far from Fellini's film as it could possibly get…*

I film degli anni Settanta si segnalano per un ritorno pressante della componente autobiografica e della gioventù riminese.

I clowns (1970) è un film autobiografico realizzato per la televisione sotto forma di documentario ma è un omaggio al circo, mondo fantastico che ispira il regista. Si comincia con un bambino vestito alla marinara che osserva estasiato un gruppo di operai mentre montano un tendone. "Che cos'è, mamma?", chiede incuriosito. "È il circo. Se non stai buono ti faccio portar via…", risponde la mamma. Quel bambino è Fellini che si innamora del mondo del circo, si fa accompagnare dalla madre a vedere lo spettacolo, osserva fachiri, lanciatori di coltelli, donne forzute, finte sirene e fenomeni da baraccone, ma teme i clown perché nelle loro espressioni riconosce i volti dei pazzi di paese. Fellini pare ispirarsi alle atmosfere di *Freaks* di Tod Browning (1932), ma il tono è più giocoso, inoltre non si tratta di un vero racconto, ma di un'inchiesta condotta su un registro lirico. Fellini omaggia i clown e una comicità lunare, rivisita il numero del martello, le botte in capo, i ruoli dell'Augusto e del clown bianco, sulle note di Nino Rota che ricordano *Otto e mezzo*.

I pagliacci spaventano il piccolo Fellini, le loro grida, le risate sguaiate, i volti assurdi fanno venire a mente visioni che incutono timore. *I clowns* fa uscire allo scoperto per la prima volta i personaggi che saranno ripresi e sviluppati in

The Return To Autobiography

The 1970's marked a return in Fellini's films to a strong autobiographical element, and the theme of his youth in Rimini.
I Clowns (1970) is an autobiographical documentary made for television, but essentially it's a homage to the circus, the fantastical world that inspired the director. It begins with a boy in a sailor-suit watching a group of workmen as they set up a big top tent. He is curious, and asks "What's that, mum?" His mother answers "It's the circus. If you don't behave I'll make them take you away…" That little boy is Fellini, as he falls in love with the circus. His mother takes him to see the show. They see fakirs, knife-throwers, strong-women, fake mermaids, and assorted freaks. However, he fear the clowns because in their expressions he sees the faces of the crazy people of his town. Fellini seems to draw inspiration from Tod Browning's Freaks (1932), although the atmosphere in the later film is more playful, and wasn't a true story, rather an exploration of a lyrical director. Fellini pays homage to the clowns and their pure, delicate comedy. He looks back on the trick with the hammer, as the clowns beat each other about the head, the roles of Augusto and the white clown, all set to Nino Rota's score, which brings back memories of Otto e Mezzo.
The clowns scare little Fellini with their shouts, their course laughter, the absurd expressions which evoke frightening visions. I Clowns reveals for the first time the characters who would later be developed and portrayed in Amarcord, and who were the protagonists of Fellini's infancy in Rimini. Fellini gives

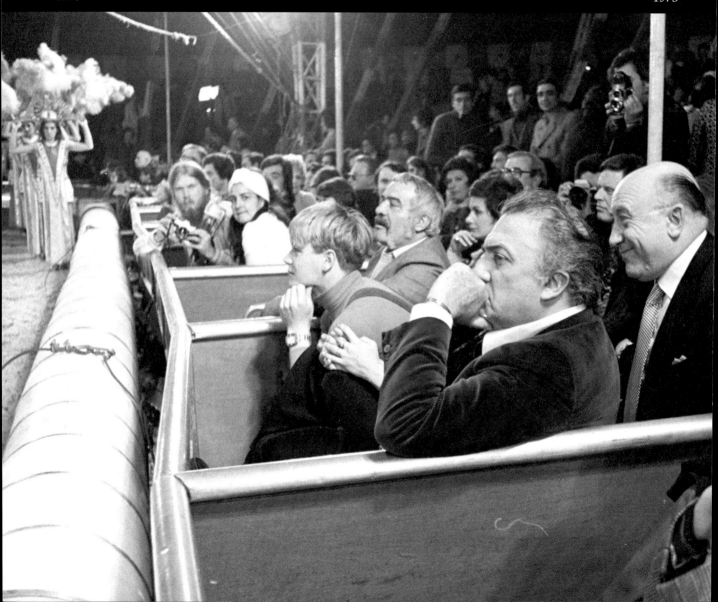

Amarcord e che sono i protagonisti dell'infanzia riminese. Fellini anticipa il suo film più autobiografico, quando rappresenta Giovannone, il matto che infastidisce le donne, la monaca nana che vive tra convento e manicomio, il mutilato della grande guerra che sta sul lungomare vestito da ardito, la signora Ines che conosce a memoria i discorsi del duce, i vetturini della stazione che litigano sempre e Cotechino, il capostazione sbeffeggiato dai ragazzi. Il regista scava tra i ricordi d'infanzia e ritrova Giudizio, il segnapunti umano durante le partite a biliardo che ogni tanto crede di essere in guerra ed esce vestito da soldato. Fellini rivive l'ingresso al bar di una vera donna e i sogni a occhi aperti dei ragazzi, mentre la signora e il suo accompagnatore ordinano champagne.

La pellicola prosegue come una vera e propria inchiesta sui clown, il regista visita il circo di Liana Orfei e va a Parigi per rintracciare pagliacci del passato. Nella troupe che gira il documentario riconosciamo Alvaro Vitali nei panni di un fonico e poco dopo intravediamo Anita Ekberg che cerca di comprare una pantera. Il vero film si basa sui numeri da circo e realizza la storia del divertimento più antico del mondo. A un certo punto Fellini si sente chiedere: "Perché vuol fare un film sul circo? Il circo non esiste più. Non ha ragion d'essere nella nostra società…". Il regista non risponde, ma lascia che sia la pellicola a far capire i motivi profondi. Il viaggio di Fellini non porta a nessuna meta, perché forse i clown sono definitivamente morti, sono bizzarri fantasmi, vecchi personaggi esclusi dalla pista che sopravvivono nel cuore di un bambino. L'allegoria fi-

us a preview of his most autobiographical film in Giovannone, the crazy man who harasses girls, the midget nun who divides her time between the convent and the mental asylum, the mutilated Great War soldier who spends his time on the promenade dressed as an ardito *(an Italian assault soldier, 1915-18), lady Ines, who knows all Mussolini's speeches by heart, the station cabmen who argue continually, and Cotechino, the stationmaster forever mocked by the local kids. The director delves into his past and recalls Giudizio, the human scorekeeper at games of billiards. Every now and then Giudizio believes he is at war and wanders about town dressed as a soldier. Fellini relives the moment when a real lady enters a bar with her partner, and they order champagne. The future director could only sit in amazement with his friends and daydream about the woman.*

The film continues as a veritable inquest into clowns, as the director visits Liana Orfei's circus, and goes to Paris in search of great clowns from the past. The television crew shooting the documentary includes Alvaro Vitali in the role of a sound engineer, and shortly afterwards, we see Anita Ekberg attempting to purchase a panther. The true heart of the film is based on circus tricks, and tells the story of the world's oldest form of entertainment. At one point Fellini is asked: "Why do you want to make a film about the circus? The circus doesn't exist anymore. It has no reason to be part of our society…" The director doesn't answer. He simply lets the film give the most profound reasons. Fellini's journey doesn't really go anywhere, perhaps because the clowns are dead once and for all. They're bizarre ghosts, old characters that no longer exist in circus rings, they live on only in a boy's heart. The allegorical finale is rather poignant:

Sul set di Roma
1972

Roma set
1972

nale è triste, perché il regista mette in scena un finto spettacolo di clown (riconosciamo tra gli attori Nino Terzo) che commemora la morte di un pagliaccio. Il clown bianco recita un comico elogio funebre, legge un testamento e dà il via alle danze, anche se i vecchi pagliacci sono stanchi e non tengono il ritmo. Un clown vola e salta tra stelle filanti, un altro pagliaccio in primo piano saluta con un inchino, ma quando le luci si spengono resta soltanto un velo di tristezza. Un vecchio clown suona la tromba per chiamare il compagno morto e intona una vecchia canzone sentimentale. Il film si chiude con una nota lirica, perché è molto forte l'allegoria tra il finto funerale e una forma di spettacolo che sta scomparendo.

Roma (1972) è una pellicola girata con stile simile a *I clowns*, figlia di un'identica ispirazione, dotata di un forte linguaggio poetico ed evocativo. Si tratta di un lavoro ibrido, a metà strada tra il ricordo nostalgico e il finto documentario, che rappresenta la scoperta della capitale con gli occhi di un provinciale. Roma è un atto d'amore nei confronti della città eterna, ma è anche un documentario autobiografico, visionario, lirico e nostalgico.

Il film comincia sotto forma di ricordo d'infanzia e anticipa la svolta di *Amarcord*, con il regista che si ritrova bambino alla scoperta di Roma. Vediamo il professore di storia che attraversa il Rubicone con la scolaresca, l'assassino di Cesare a teatro, un vecchio pazzo di paese che osserva una statua romana con la mano mozzata e le spiegazioni di storia nel collegio religioso. Le intuizioni migliori di Fellini sono tutte nella

the director sets up a fake clown show (Nino Terzo plays one of the characters) to commemorate the death of a fellow clown. The white clown recites a comical eulogy, reads a will, and signals the start of the dance, even though the old clowns are tired and can't keep up with the rhythm. A clown jumps and flies amongst the streamers, while another salutes his colleague with a bow in a close-up shot. However, when the lights are dimmed, all that is left is a veil of sorrow. An old trumpet-playing clown calls to their dead friend with an old, sentimental tune. The film ends on a highly poetic note, with this stark allegory of the fake funeral as a form of entertainment that is rapidly disappearing.

Roma *(1972) is a film shot in a similar style to that of* I Clowns. *The inspiration is the same, and it contains decidedly evocative and poetic language. It's a kind of hybrid work, halfway between nostalgia and false documentary, and represents the discovery of Italy's capital city through the eyes of a small-town man.* Roma *is a labour of love dedicated to the eternal city, but it's also an autobiographical, visionary, lyrical and nostalgic documentary.*

The film begins by portraying childhood memories, and it's a sneak preview of Amarcord, *as the director feels once again like a child as he discovers Rome. We see the history teacher crossing the Rubicone river with a group of students, Caesar's assassin at the theatre, an old crazy man observing a Roman statue missing a hand, and history lessons at the religious college. Fellini's best ideas all appear in the first part of the film, where he looks back with nostalgia on his childhood. The Fulgor cinema makes its inevitable appearance, with long queues at the ticket office, full of people waiting to see American films*

Una ricostruzione urbana
del set Roma
1972

*A piece of the city replica on
the set of Roma
1972*

prima parte che indaga con nostalgia i ricordi d'infanzia. Non può mancare il cinema Fulgor, le file al botteghino per le pellicole statunitensi con protagonista Greta Garbo, i primi film mitologici e il *peplum* romano. Il regista mostra gli spettatori affascinati da storie romantiche, gli uomini a bocca aperta, le donne in lacrime e i bambini entusiasti. Fellini introduce il ricordo del fascismo e della guerra attraverso i cinegiornali dell'Istituto Luce. Non mancano le visioni di corpi femminili, come la moglie del farmacista, sognata come un'insaziabile Messalina. E poi c'è Roma nei discorsi di chi frequenta un bar di provincia e non si muoverà mai dalla mediocrità: "Roma è grande e non ti conosce nessuno. La donna romana ha un culo grande così…". Fellini ricorda se stesso e la sua scoperta di Roma come in un romanzo di formazione che pesca a piene mani nel passato. Ricostruisce in studio la Roma di fine anni Trenta, persino la Stazione Termini e i giganteschi manifesti dei film in voga (*Grandi magazzini* con De Sica), presenta una casa in un quartiere povero che lavora come affittacamere e le trattorie all'aria aperta. Notevole la colonna sonora composta da brani d'epoca come *Violino Zigano, La banda Daffori, Fiorin fiorello, Maramao perché sei morto* e molti stornelli popolari. I romani di borgata al tavolo delle trattorie sono uno spettacolo di gioia e di vita in comune, tra bucatini all'amatriciana, salsicce e grandi piatti di pajata. Fellini ci consegna uno spaccato veritiero della Roma fascista, inserisce alcuni flash sulla guerra, paragona passato e presente, si sofferma sul raccordo anulare e sul caos contemporaneo che circonda la città. Il regista gioca per tutto

starring Greta Garbo, the first mythological films and Roman peplum cinema (an Italian sub-genre of biblical stories and mythology, otherwise known as sword-and-sandal films). The director shows us an audience fascinated by romantic stories: men sitting there open-mouthed, women in tears, and excited children. Fellini introduces his memories of fascism and war with the old Istituto Luce's newsreels. There's no shortage of visions of female forms, like that of the pharmacist's wife, pictured as an insatiable nymphomaniac. Then there's the usual provincial bar-talk about Rome, from those who will never escape their own mediocrity: "Rome's a big place and nobody knows you there. Roman women have big arses…" Fellini dips abundantly into his memories of the past to portray the learning experience that was his discovery of Rome. He recreates a studio version of late 1930's Rome, including the Termini train station, and the huge posters advertising the latest films (Grandi Magazzini starring De Sica). He presents a communal house in a poor neighbourhood used for letting, and open-air trattorias. The remarkable soundtrack is made up of popular songs of the period such as Violino Zigano, La Banda Daffori, Fiorin Fiorello, Maramao Perché Sei Morto and many other popular ditties. It's a joy to behold the communal spirit of working-class Romans dining in trattorie, surrounded by huge plates of bucatini all'amatriciana, sausages, and pajata. Fellini presents an authentic cross-section of fascist Rome, inserting several flashbacks from the war, comparing past and present, and closely observing the ring road and the contemporary chaos that surrounds the city. For the entire duration of the film, Fellini switches between temporal planes, highlighting the changes that have

Sul set di Roma
1972

Roma set
1972

il film con questo alternarsi di piani temporali, mette in luce i cambiamenti e compone una storia di Roma per immagini. Si mette in primo piano insieme alla troupe che lavora e ascolta i consigli della gente, perché ognuno vorrebbe che raccontasse Roma a suo modo. "Se vedi la gente che lavora non è Roma", "So' scomparsi i romani. Non è più la Roma d'una volta", "Se ci metti solo gli invertiti, le donnacce, che figura ci fai fa'? Il film lo vedono anche all'estero...". Fellini non risponde alle domande ma torna alla storia che più ama raccontare, quella di una Roma scoperta in gioventù. Ricostruisce l'avanspettacolo degli anni Quaranta, che ha frequentato, con il pubblico che comanda, spernacchia, offende, decreta il successo e il fiasco di ogni numero. Alvaro Vitali si esibisce come ballerino nell'imitazione di Fred Astaire, mentre il pubblico lo bersaglia con un gatto morto. La parte sul vecchio varietà è ben documentata, ascoltiamo canzoni come *Tu che m'hai preso il cuor*, *La bella romanina* e *Sposi*, ma sono i bombardamenti a interrompere il clima festoso. Fellini critica il fascismo per bocca di un personaggio che al rifugio dice che tutto è accaduto *per colpa di quello là*. Non manca il fascista convinto che lo contraddice, gli dà del disfattista e crede ancora nella vittoria dell'Italia fascista. La pellicola torna ai tempi moderni e perde la forza evocativa della prima parte, ma guadagna in metafore e momenti di cinema fantastico. Fellini ricostruisce i lavori della metropolitana e ci conduce in un viaggio nel sottosuolo dove si trovano zanne di mammuth, carcasse di animali preistorici e antichi dipinti. Vengono portate all'eccesso le difficoltà per dotare Roma di una

taken place, and using images to reconstruct the history of Rome. In the film we see him working together with the crew, listening to the populace's advice: every Roman wants the story of Rome to be told in their own way. "If there are people working then it's not really Rome", "The Romans are all gone. It's not the city it used to be", "If you only show gays and whores, what are we going to look like then, eh? They watch these films abroad, you know...". Leaving these questions unanswered, Fellini continues with the story he most dearly loves to tell: the discovery of Rome in his youth. He reconstructs the world of theatre in the 1940's, in which the audience enjoyed absolute power. They blew raspberries, insulted the actors, and decreed whether each performance was a success or a flop. Alvaro Vitali plays a dancer in the style of Fred Astaire, and a member of the audience throws a dead cat at him. The segments on old variety shows are well researched, containing tunes such as Tu che m'hai preso il cuor, La bella romanina, *and* Sposi. *However, the joyous atmosphere is cut short by the bombardments of the city. Fellini criticises fascism through a character taking refuge in one of the shelters, who declares that everything is HIS fault. Of course his opinion is rebutted by another character who still believes in fascist Italy's victory, calling the former a defeatist. When the film returns to modern times, it loses the evocative power of the first part, but makes up for this with an abundance of metaphors and moments of fantastical cinema. Fellini shows the viewer the construction of the subway, and takes us into an underground world where we find woolly-mammoth tusks, prehistoric animal carcasses, and ancient paintings. The difficulty of constructing Rome's subway system is portrayed through highly*

Sul set de La dolce vita
1960

La dolce vita set
1960

metropolitana attraverso sequenze fortemente visionarie. Si torna al passato per mostrare come funzionavano le vecchie case di tolleranza, quelle scalcinate e fatiscenti per la povera gente e quelle di lusso dove si incontravano donne molto belle. Fellini introduce una scena che sembra autobiografica, perché il suo alter ego si innamora di una prostituta che frequenta e la invita a uscire. Una parte simbolica riguarda la vecchia principessa Domitilla che non si rassegna al tempo che passa, ricorda quando conosceva tutti i cardinali, dava feste e la sua casa era molto frequentata. Fellini inserisce una surreale e irriverente sfilata di moda ecclesiastica che diventa comica quando propone i prelati che pattinano e le suore con il cappellone. Roberto Benigni farà una versione ancora più farsesca di una sfilata per abiti talari ne *Il piccolo diavolo* (1988), ispirandosi a questa scena. Emblematico il commento di un personaggio: "È il mondo che deve seguire la Chiesa. Non il contrario". Questa parte del film è critica verso una religione sempre più vicina alle peggiori cose terrene. Il regista conclude con una nuova incursione nella Roma contemporanea, tra borgate, stornelli, trattorie, interviste allo scrittore Gore Vidal e a un'ironica Anna Magnani. La polizia fa sgomberare una piazza a colpi di manganello, pure se si tratta di giovani che non fanno niente di male. Il film si conclude con un simbolico *Arrivederci Roma* e con un'ancora più simbolica corsa di moto nel centro della città. Il progresso è la sola cosa che non si può fermare. Bernardino Zapponi scrive soggetto e sceneggiatura insieme a Federico Fellini che ha il merito di muovere la macchina da presa con occhio at-

visionary scenes. The viewer is once again taken back to the past and shown the old brothels. The shabby, decaying ones frequented by the poorer folk, and the more luxurious ones with strikingly good-looking women. Fellini then inserts a seemingly autobiographic scene, in which his alter ego falls in love with one of the prostitutes, and asks her out on a date. One particularly symbolic part is that of Domitilla, the old princess who refuses to give in to the passage of time. She recalls a time when she personally knew all the cardinals, when she would throw parties and her house was always full of people. The director inserts a surreal and irreverent ecclesiastical fashion show, which becomes comical with the arrival of skating prelates and nuns with large hats. Inspired by this scene, Roberto Benigni would make an even more farcical version of a "cassock" fashion show in Il Piccolo Diavolo *(1988). One of the characters' comments is emblematic: "The world should follow the example of the church. Not the other way round". This scene is critical of a religion which ever more closely has picked up the worst habits of secular life. The director continues with the film with a further incursion into contemporary Rome, with its working-class suburbs, tunes,* trattorie, *interviews with the writer Gore Vidal and an ironic Anna Magnani. The police use their batons to clear a square of demonstrators, even though they were simply youngsters doing no wrong. The film reaches its conclusion with the symbolic salutation* Arrivederci Roma *(Goodbye Rome), and an even more symbolic motorbike race in the city centre. Progress is the only thing that can never be stopped. Bernardino Zapponi wrote the story and screenplay together with Federico Fellini, the latter taking great care behind the camera to accurately portray the eter-*

FELLINI
REGIA

CITTÀ

tento per raccontare la città eterna. La colonna sonora è composta da Nino Rota e diretta da Carlo Savina. La prima nazionale del film - in versione integrale di 130 minuti - si tiene al cinema Barberini di Roma il 18 marzo 1972, mentre a maggio viene presentato al Festival di Cannes. Per la commercializzazione sul mercato estero, Fellini alleggerisce la pellicola di quindici minuti tagliando in autonomia molte sequenze, senza nessun intervento da parte della censura che concede il via libera con divieto ai minori di anni quattordici. La versione ufficiale del film, la sola conosciuta, è quella più breve, anche se tra le parti tagliate sono proprio gli interventi di Marcello Mastroianni e di Alberto Sordi. Come in molti film di Fellini, anche in *Roma* non va cercata la storia e la drammatizzazione ma soprattutto la poesia, il lirismo, la cifra autobiografica di un lavoro che sembra un documentario onirico e fantastico. Fellini non si limita a filmare paesaggi e squarci di vita romana, ma passa dalla satira alla nostalgia struggente, ricreando spazi e luoghi della capitale secondo le necessità del racconto. Nel film compaiono Alberto Sordi, Marcello Mastroianni, lo scrittore Gore Vidal, Peter Gonzales (voce narrante), Britta Bernes, Mimmo Poli, Alvaro Vitali, John Francis Lane e lo stesso Fellini. *Roma* fa presagire *Amarcord* sin dalle prime sequenze, con i ricordi della scuola, i cinegiornali fascisti e i kolossal sull'antichità. Si tratta di un film discontinuo e irregolare, ma intriso di genialità.

nal city. The score was composed by Nino Rota and conducted by Carlo Savina. The 130 minute-long uncut version of the film made its national debut at the Barberini cinema in Rome, on 18th March, 1972. Later, in May, it was presented at the Cannes Film Festival. In order to make it more marketable abroad, Fellini autonomously decided to cut 15 minutes from the film. The censors did not interfere with the editing process and allowed the film's release, certifying it fit for viewing for anyone over the age of fourteen. The official version of the film – that is to say, the one most widely known – is the shortest one, even though the parts that were cut include Marcello Mastroianni's and Alberto Sordi's participation. As is the case in many other of Fellini's films, history and drama are not the focal points of Roma. *Priority is given to poetry, lyricism, and an autobiographical element contained in a film which has the feel of a magical, dreamlike documentary. Fellini doesn't simply shoot landscapes and slices of Roman life. He switches between satire and bitter nostalgia, recreating the capital city's spaces to suit the needs of his tale. The cast includes Alberto Sordi, Marcello Mastroianni, Gore Vidal, Peter Gonzales (as the narrator), Britta Bernes, Mimmo Poli, Alvaro Vitali, John Francis Lane and Fellini himself. From the very first scenes,* Roma *gives us a taste of what is to come in* Amarcord, *with its recollections of life at school, fascist newsreels, and its colossal depictions of ancient life. The film is at times erratic, but contains moments of sheer brilliance throughout.*

L'autobiografia lirica di Amarcord

Amarcord (1973) è un'autobiografia lirica, il film più poetico di Fellini, un punto di arrivo difficile da eguagliare e impossibile da superare.

La pellicola rappresenta il quarto Oscar ottenuto dal regista, racconta la Rimini dell'adolescenza, il periodo del liceo e soprattutto l'Italia degli anni Trenta. Protagonista di *Amarcord* è una città intera, trasfigurata dal ricordo, il quartiere San Giuliano di Rimini ricostruito a Cinecittà, i suoi grotteschi abitanti, le feste patronali, le adunate fasciste, la scuola, le donne facili, i giovani del paese, gli ambulanti, le prostitute e i matti. Il personaggio di Titta Biondi e la sua famiglia servono a Fellini per ricordare il passato e ricostruire gli anni della sua adolescenza, per scrivere un romanzo di formazione su pellicola che è la storia dell'incontro con la vita. Il tono della narrazione è amichevole, colloquiale, ma poetico, come se il regista raccontasse il periodo dell'adolescenza seduto a cena con vecchi amici. Il film è ambientato in una dimensione fantastica, tra mani che annunciano la primavera e nevicate che simboleggiano il grande freddo, immerso in ricordi lontani, rumori di auto che sfrecciano per le Mille Miglia, il passaggio del Rex e l'improvvisa apparizione di un pavone. Fellini racconta - come Proust - *il tempo perduto* ed è la cosa che sa fare meglio, sospendendo i ricordi in un'atmosfera sognante. Fellini è autore che sente più congeniale l'analisi poetica dell'intimo, del *piccolo mondo antico*, rispetto alla critica sociale. I

Amarcord – A lyrical autobiography

Amarcord *(1973) earned Fellini his fourth Oscar and is considered to be his lyrical autobiography, his most poetic film and still unrivalled to this day. The portrait of his hometown Rimini during the high school years in the 1930's is the main subject of the film. The whole town – transformed by the haze of memory – is the protagonist in* Amarcord. *The San Giuliano quarter was recreated in Cinecittà, with all its grotesque denizens, the patron saint holidays, the fascist gatherings, the school, the easy women, the town's youth, the beggars, the prostitutes and the insane. Fellini uses the character of Titta Biondi and his family to revisit the past – namely his adolescence – and chronicle his own rites of passage. The tone of narration is friendly and colloquial, but at the same time poetic. It's as if the director were recalling his teenage years sat at the dinner table with old friends. The film is set in a fantastical dimension. Hands mark the arrival of springtime, and falling snow symbolizes the cold snap of winter. The director immerses himself in distant memories, the sound of cars rushing along the* Mille Miglia, *the passage of the* Rex, *and the sudden appearance of a peacock. Like Proust, Fellini speaks of* lost time, *which is what he did best, dipping his memories in a dreamy atmosphere. Fellini is an author who feels most at ease using poetic analysis of one's intimate self, of the* little world of the past, *rather than in social critique. His most unforgettable works were produced when he was able to look to the past with nostalgia, transferring his daydreams, fears, and doubts onto film. Among the*

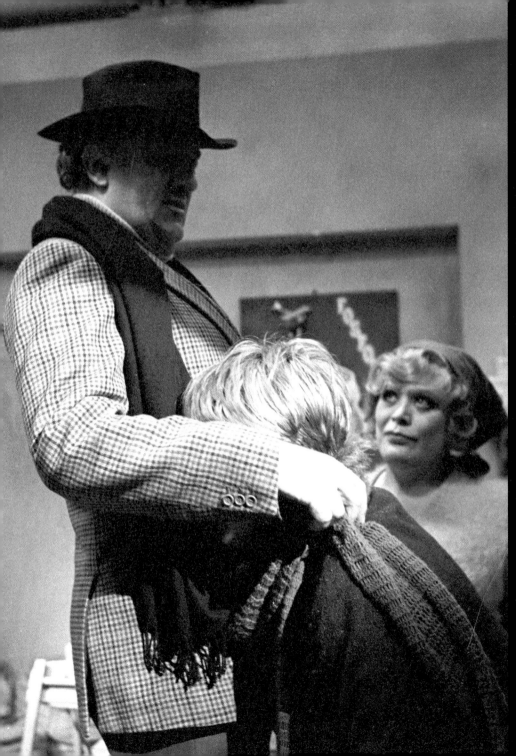

Insegnamenti sul set di
Amarcord
1973

Acting tips for a scene of
Amarcord
1973

suoi lavori indimenticabili si realizzano quando trova la forza di guardare al passato con malinconica nostalgia, mettendo su pellicola i sogni a occhi aperti, le ansie e i dubbi. Tra le parti migliori di *Amarcord* segnaliamo le scene ambientate nelle aule del liceo, una raccolta di assurde tipologie di insegnanti e di alunni, esempio da imitare per i registi che frequenteranno il sottogenere scolastico - più o meno alto - negli anni Settanta - Ottanta. Alcuni personaggi sono indimenticabili: l'Aldina (Donatella Gambini) che fa innamorare i ragazzi, la madre di Titta (Pupella Maggio, doppiata in romagnolo da Ave Ninchi) che muore in ospedale e lascia il figlio disperato, il padre anarchico (Armando Brancia), la bella Gradisca (Magali Noël), la tabaccaia (Maria Antonietta Beluzzi) che Sergio Martino citerà alcuni anni dopo in un film con Gigi e Andrea (*Acapulco prima spiaggia a sinistra*), Teo lo zio matto (Ciccio Ingrassia) che si mette su un albero, grida: "Voglio una donna!" e scende solo quando arrivano le infermiere.

Il cinema Fulgor e le pellicole in bianco e nero degli anni Trenta sono un altro protagonista del film, rappresentano l'adolescenza del regista segnata dall'amore per il grande schermo. Le confessioni al prete, i ragazzini che si toccano pensando alla tabaccaia, alla Gradisca o alla compagna di scuola, le suggestioni del cinema e delle prime visioni femminili, i turbamenti davanti alla vita che cambia. Fellini descrive le adunate fasciste, i discorsi retorici, le bastonate ai dissidenti e le canzoni patriottiche. Il Grand Hotel di Rimini è un altro protagonista, nei racconti impossibili della voce narrante che ricorda

best scenes in Amarcord, *those set in the classrooms stand out. They contain an absurd collection of different species of teachers and pupils. Between the 70's and 80's, the high school film sub-genre (represented in both quality and lesser cinema) took off, and many directors used the school in* Amarcord *as an example to be followed. The film contains several unforgettable characters: l'Aldina (Donatella Gambini) with whom the kids fall in love, Titta's mother (Pupella Maggio, with Ave Ninchi providind the voice-over in the dialect of Emilia Romagna) who dies in hospital, leaving a desperately grieving son, the anarchical father (Armando Brancia), the beautiful Gradisca (Magalì Noël), the lady working in the tobacconist's (Maria Antonietta Beluzzi) who would later be cited in Sergio Martino's film with the Gigi and Andrea comic duo (*Acapulco Prima Spiaggia A Sinistra*), and crazy uncle Teo (Ciccio Ingrassia) who climbs up a tree and shouts "I want a woman!", climbing back down again only when the nurses arrive.*

Black and white films at the Fulgor cinema in the 1930's also make an appearance in the film. They represent the director's adolescent love for the big screen. We see confessions in church, boys touching themselves while thinking about the woman at the tobacconist's, or Gradisca, or other girls at school. The viewer is given glimpses of the suggestive power of cinema, boys seeing female figures for the first time, as well as the anxieties that come with the changes that occur in life. Fellini describes the fascist gatherings, the rhetorical speeches, the beatings of dissidents, and the patriotic songs. Another protagonist is Rimini's Grand Hotel, as the narrator tells implausible tales and recalls Gradisca's night of love with a prince and an emir with thirty concubines. The*

una notte d'amore di Gradisca con un principe e un emiro con trenta concubine.

Non dimentichiamo il mare d'estate che cambia il volto di Rimini, i tramonti rosso fuoco, i ragazzi che si trasferiscono sulle spiagge e sognano incontri con ragazze. "Tu e il babbo come avete fatto a conoscervi? E il primo bacio?", domanda Titta prima di concludere disperato che *lui non combina niente*. La malattia della madre di Titta è un momento di grande poesia girato ricorrendo a silenzi e a inquadrature di spalle, senza mostrare volti sofferenti. Il regista sottolinea il grande vuoto nel cuore del marito e del figlio, anche se in vita i litigi erano all'ordine del giorno. Il funerale a piedi, la tristezza del padre, la casa vuota, tutto è costruito ad arte per rappresentare il dolore. La pellicola alterna momenti leggeri a episodi drammatici, ma sa restare in equilibrio senza cadere nella farsa o nel patetico. Il matrimonio di Gradisca nel casolare di campagna è un altro momento intenso che si conclude con la corsa dei ragazzini dietro l'auto di un simbolo erotico che li abbandona. Senza Gradisca si sentiranno un poco più soli e rimpiangeranno le sfide con le palle di neve che avevano per bersaglio un invitante fondoschiena.

Fellini racconta la vita quotidiana, senza seguire un filo logico, ma lasciandosi condurre dalla magia del ricordo e dai sogni che popolano la sua fantasia. *Amarcord* è un film così noto che il titolo viene citato in lingua italiana in tutto il mondo e non è un risultato scontato per un lavoro nostrano. La pellicola segna l'inizio di una parabola decadente della carriera di un regista geniale che dopo un capolavoro così sentito pare

*summer seaside completely transforms Rimini: fiery red sunsets, and boys who converge on the beach hoping to meet girls. "How did you and Dad meet each other? And what about your first kiss?" asks Titta, before concluding with a touch of despair that he's not doing anything with his life. Titta's mother's illness is shot in a wonderfully poetic manner. Silence reigns as we are shown the characters' backs, and not their faces drawn with sorrow. Even though in life arguments with Titta's mother were an everyday thing, the director underlines the emptiness left in the husband and son's hearts after her death. A funeral carried out with everyone standing, the father's sorrow, the empty house. All this is constructed to convey a feeling of pain. Light-hearted scenes often alternate with moments of drama, retaining the right balance and without becoming farcical or pathetic. Gradisca's wedding in the country cottage is another intense moment, which concludes with the boys running behind the bride and groom's car: a symbol of eroticism that has abandoned them. In Gradisca's absence they'll feel a little more alone, and will regret no longer having the chance to throw snowballs at her alluring backside. Fellini tells a story of everyday life with no real logical order. He simply lets himself be lead by the magic of memories and the dreams which flow in his imagination. Amarcord became so famous that its name is known without translation in the whole world; this was not a common occurrence for Italian productions. The film marked the beginning of a decline in the career of a brilliant director. After such a heartfelt masterpiece, Fellini never found such strong inspiration for his subsequent films.
Fellini wrote Amarcord together with Tonino Guerra, going back to his roots to portray his memo-*

Sul set di Amarcord
1973

On the set of Amarcord
1973

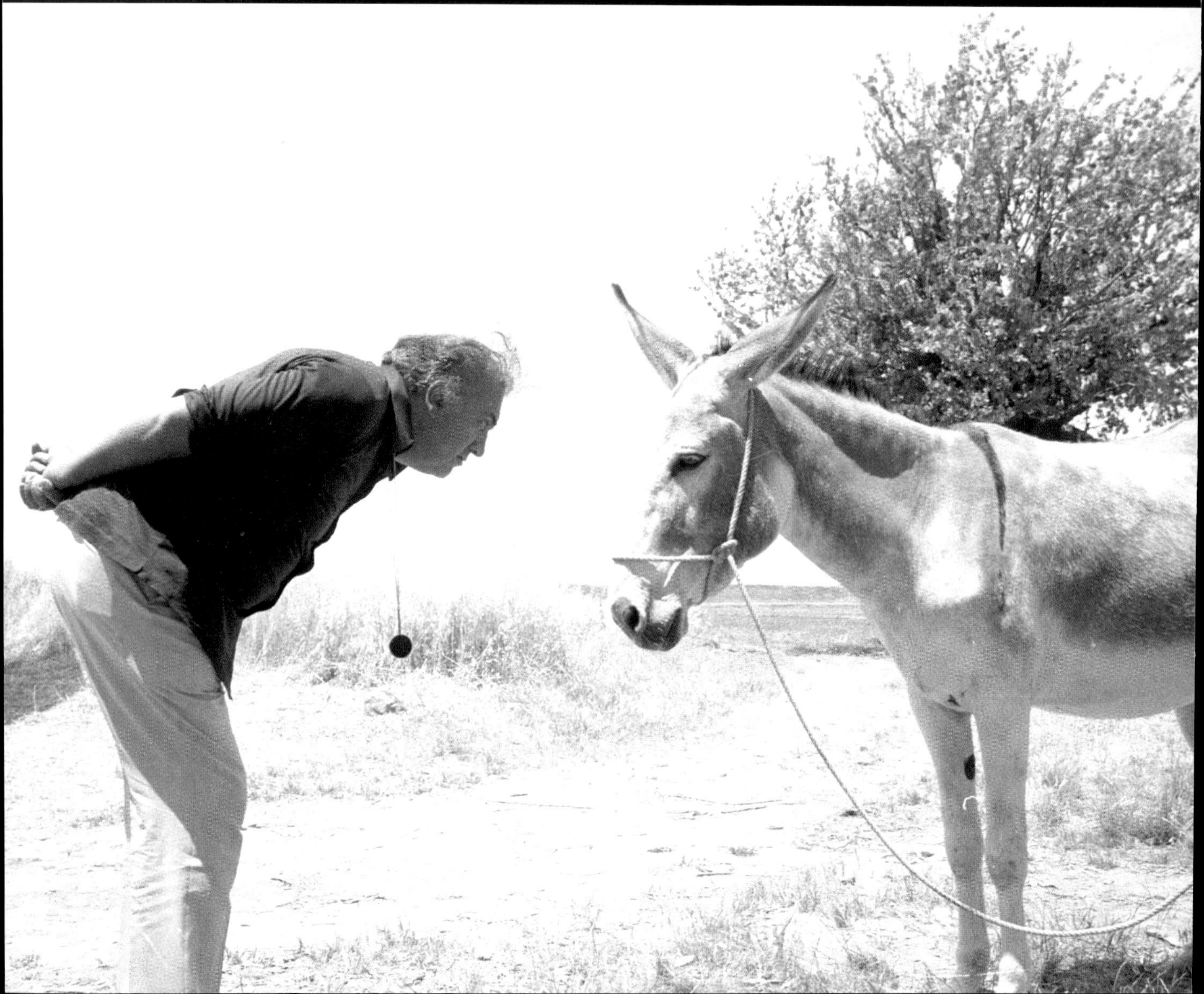

non trovare un'ispirazione altrettanto forte.

Fellini scrive *Amarcord* con la collaborazione di Tonino Guerra, ripensa alle proprie origini e mette in scena i ricordi della Romagna al tempo del fascismo in una struggente saga da strapaese. Il film miscela bene amore, odio e nostalgia, rilegge il passato fascista in modo acuto, mostra la mediocrità del regime ma anche del popolo che l'ha accettato. Vediamo i fascisti con l'olio di ricino, ma anche i maschi che insidiano donne, inventano balle e fanno scherzi stupidi. Tutto è vissuto attraverso la storia dell'adolescenza di Titta (Bruno Zanin) in una cittadina romagnola degli anni Trenta. Non c'è un vero filo conduttore, ma il racconto scorre secondo il dialettale *A m'arcord* (mi ricordo), con i maschi che spiano le ragazzine e raccontano finte avventure erotiche. Il film è girato completamente a Cinecittà, persino le sequenze del passaggio notturno del transatlantico Rex.

Amarcord è un lavoro riuscito, a metà strada tra nostalgia per il passato, complicità con i personaggi e racconto obiettivo della nostra storia. Fellini ricorda il fascismo e lo descrive *smontando il mito, mostrando la mediocrità del regime, ma anche di un popolo che l'ha accettato*, perché *il fascismo è una stagione storica della nostra vita, il blocco dell'uomo alla fase adolescenziale* (Fofi). Fellini riesce nello stratagemma simbolico mostrando Titta che non cresce, ma resta in calzoncini corti per tutto il film. Le musiche di Nino Rota e la fotografia di Giuseppe Rotunno perfezionano una pellicola che si guadagna l'Oscar come miglior film straniero. Fellini riceve la notizia del premio da Alberto Sordi che al telefono scherza:

ries of Romagna during the fascist regime in a moving small-town saga. The film does a good job of combining love, hate, and nostalgia. It acutely explores the country's fascist past, the mediocrity of the regime, but also that of the people who accepted the regime. The viewer is shown the fascists drinking their castor oil, but also men who harass women, tell lies and play stupid pranks. All this is told through the story of Titta's (Bruno Zanin) adolescence in a small town of Romagna in the 30's. There's no real thread to the story, it just flows as the title suggests (Amarcord being a deformation of the dialectical expression A m'arcord, or "I remember"), with boys peeping at girls and making up erotic adventures to impress friends. The film was entirely shot at Cinecittà, even the scene in which the transatlantic ship Rex passes in the night.

Amarcord *represents a job well done. Its style is somewhere between nostalgia for the past, total complicity with the characters, and an objective historical depiction. Fellini recalls fascism and describes it stripping down the myth, exposing the mediocrity of the regime, but also that of a people who accepted it, because fascism represents a historical stage of our lives: man's failure to mature and go beyond his own adolescence (Fofi). To this end, Fellini shows Titta wearing shorts for the duration of the film. This symbolic strategy signifies Titta's inability to grow up. Nino Rota's score and Giuseppe Rotunno's photography add the finishing touch to a film that won the Oscar for Best Foreign Film. Fellini received the news telephonically from Alberto Sordi, who quipped: "Federico, they didn't give you the award, they gave it to Tanio Boccia!".*

Amarcord *caused controversy from "respectable"*

Ricostruzione in studio dell'effetto
neve per Amarcord
1973

Studio snow effect, Amarcord
1973

"Federico, non t'hanno premiato, questa volta è toccato a Tanio Boccia!".

Amarcord non manca di suscitare polemiche da parte dei perbenisti che lo giudicano zeppo di parolacce e di situazioni spiacevoli. Le femministe criticano il personaggio interpretato da Magalì Noël (Gradisca) senza storicizzarlo, mentre i cattolici si scandalizzano per il seno florido di Maria Antonietta Beluzzi. Segnaliamo una grande interpretazione drammatica di Ciccio Ingrassia nei panni del matto e il volto stralunato di Alvaro Vitali tra i compagni di liceo. *Amarcord* sbanca il botteghino e fa record di incassi anche negli Stati Uniti.

Quando si assiste a un'opera così ben riuscita come *Amarcord* risulta difficile credere alle parole di Fellini: "Non ho una ricetta, un sistema, non m'impongo dei traguardi. I film si presentano come fossero già fatti. Mi pare di essere un trenino che sta percorrendo una strada ferrata ai lati della quale ci sono le stazioni, i film in questo caso. Io devo soltanto scendere, avere un po' di curiosità e vedere cosa c'è aldilà di quella stazione, se c'è la piazza... Quindi ho l'impressione, facendo questo itinerario, realizzando film, che tutto quanto fosse già predisposto". Forse è la genialità che fa sembrare tutto già fatto, forse è proprio la grandezza del regista che riesce a trasportare le storie dalla dimensione in cui si trovano sino ai nostri occhi.

circles, who deemed it to be full of foul language and disagreeable episodes. Failing to place her within a historical context, feminist groups criticised the character played by Magalì Noël (Gradisca), while Catholics were up in arms about Maria Antonietta Beluzzi's heaving bosom. Ciccio Ingrassia's dramatic turn as the town madman is worthy note, and so, too, is Alvaro Vitali's dazed expression as he sits with his classmates. Amarcord was a major box office success, and also registered record profits in the United States.

When one watches such a well-made work as Amarcord, Fellini's claims become difficult to accept: "I don't have a recipe or a system and I don't set myself goals. Films come into my head as if they were already made. I sometimes feel like a train, running on rails that pass through stations, or films in my case. I just have to alight, to become curious and see what lies beyond the station, to see if there's a town square out there... So, following this itinerary, I get the impression when I make films that everything was already laid out there for me." Perhaps it's his brilliance that makes everything seem to him as if it's ready-made, or maybe it's the sign of a great director who can take these stories from their own dimensions and present them to us so clearly.

Il mondo femminile secondo Fellini

Il Casanova di Federico Fellini (1976) fa capire sin dal titolo che non è la solita storia su Casanova, ma una rilettura in chiave onirica e fantastica.

L'atmosfera del film è molto più tetra che nell'elegiaco *Amarcord* e rappresenta il culmine dell'estro visionario del regista. Le memorie amatorie di Casanova risultano trasfigurate e sono inserite in un Settecento realizzato in teatro di posa tra mari di nylon e bambole meccaniche. Fellini ricostruisce a Cinecittà una fantastica ambientazione veneziana e parte alla scoperta dei corpi femminili, raccontando ascesa e decadenza del grande seduttore veneziano. Donald Sutherland affronta il personaggio più complesso della sua carriera ma se la cava egregiamente, anche perché Luigi Proietti (originariamente pensato come interprete) lo rende comprensibile al pubblico italiano con un doppiaggio perfetto. Il film è girato in inglese per facilitare l'interpretazione dell'attore canadese che il regista stima moltissimo. Fellini tratta male Sutherland, addirittura non gli rivolge parola durante le pause, per far permanere in lui un senso di incertezza che migliora la resa cinematografica del personaggio.

Il Casanova di Fellini è un letterato incompreso che sogna la donna automa e vorrebbe essere apprezzato per le proprie composizioni artistiche piuttosto che per l'abilità amatoria. Fellini raccoglie un campionario di mostruosità femminili: donne gigantesche, storpie, gobbe, vecchie ributtanti e monache assatanate sono protago-

The World of Women According to Fellini

The title of the film Il Casanova di Federico Fellini *(1976) leaves no doubt that this isn't the usual film about Casanova, but a fantastical revision. The atmosphere is much darker than in the elegiac* Amarcord, *and it represents the culmination of the director's visionary creativity. Casanova's memoirs of love have been twisted, and inserted in an studio version of the eighteenth-century, filled with copious amounts of nylon and mechanical dolls. In Cinecittà, Fellini creates a fantastical Venetian setting, and sets sail on a journey of discovery of the female form, telling the story of the rise and fall of the Venetian lover. Donald Sutherland plays the most complex character of his career and manages to pull it off, with the aid of Luigi Proietti's perfect voice-over for the Italian audience (Proietti was the actor originally intended for the role). The Canadian actor was highly esteemed by the director, and the film was shot in English in order to aid his performance. Fellini treated Sutherland badly during filming, not even speaking to him in between shooting scenes. This was done on purpose to give Sutherland the hint of uncertainty needed to more fully portray his character.*

Fellini's Casanova is a cultured, but misunderstood figure who dreams of a female robot companion, and who wishes to be appreciated for his artistic compositions rather than his sexual prowess. Fellini brings together a wide range of grotesque femininity: giant women, cripples, hunchbacks, repulsive old hags, and possessed nuns are the protagonists of some surreally erotic scenes. There's nothing morbid about the film,

niste di momenti erotici surreali. Il film non ha niente di morboso, ma le prestazioni sessuali vengono mostrate in maniera meccanica per sottolineare la noia con cui Casanova è costretto a far l'amore. I suoi rapporti con le donne sono come pesanti prove ginniche, fatiche improbe e record da battere per restare fedele a un mito. Casanova ha studiato ingegneria, letteratura, persino alchimia e vorrebbe essere apprezzato come intellettuale invece di dover dare prova di capacità amatoria. Il regista fa partire i ricordi dalla prigionia di Casanova, rinchiuso al carcere dei Piombi con l'accusa di eresia. La pellicola segue il canovaccio delle *Memorie*, prosegue tra incontri erotici e dialoghi poetici in una Venezia nebbiosa che festeggia il carnevale. Ricordiamo tra le tante avventure quella con un'amante che sviene in continuazione e il medico che pratica solo salassi. Tra i tipi femminili incontriamo una donna con gli occhi storti, un'altra con il sedere enorme e un'altra ancora con il compagno guardone. L'evasione dai Piombi porta Casanova alla visione insolita di Venezia dall'alto ed è straordinario come Fellini e la sua troupe siano riusciti a realizzare la città lagunare in studio, ricostruendo canali, ponti, piazze e monumenti. La pellicola ci fa seguire il viaggio di Casanova nelle maggiori corti europee e nelle case dei nobili. A Parigi deve confutare la carenza di anima delle donne propugnata dalla Chiesa e Fellini ne approfitta per rinnovare una polemica religiosa, inserendo la surreale tesi del concepimento di Cristo attraverso le orecchie. Una vecchia contessa circuisce Casanova per diventare immortale e il rapporto è girato come un obbligo che il protagonista

but the sexual antics are portrayed in a very mechanical manner in order to highlight how bored Casanova is with this existence. His love-making sessions are strenuous athletic exercises, arduous tasks to be performed, and records to be broken in order to live up to his own legend. Casanova has studied engineering, literature, even alchemy, and wants to be well-known for his intellect rather than having to prove his abilities in bed. The director shows the viewer Casanova's recollections of his incarceration in the Piombi jail, after having been accused of heresy. The film follows the outline of Casanova's Memoirs, *and continues with erotic trysts and poetic dialogue in carnival-time Venice. Amongst the many adventures, the most memorable are those with the lover who keeps fainting, and the doctor who only practices blood-letting. The women the viewer is presented with include one who is cross-eyed, another with an enormous behind, and one with a peeping-tom partner. Casanova's escape from Piombi leads to an unusual shot of Venice from high up. It's truly amazing how Fellini and his crew managed to recreate the lagoon and city of Venice in the studio, complete with canals, bridges, piazzas, and monuments. The film follows Casanova's journey through major European courts and houses of nobility. In Paris he must refute the soulless women championed by the church. Fellini uses this opportunity to refresh an old, controversial religious topic, inserting the surreal theory of Christ's conception by way of the ear. An old countess tries to trick Casanova so that she may become immortal through fame. The sexual act is portrayed as an obligation which the protagonist accomplishes, using a servant girl to achieve arousal. In Forlì, Casanova meets the love of his life (Tina Aumont). He philosophises about submissive*

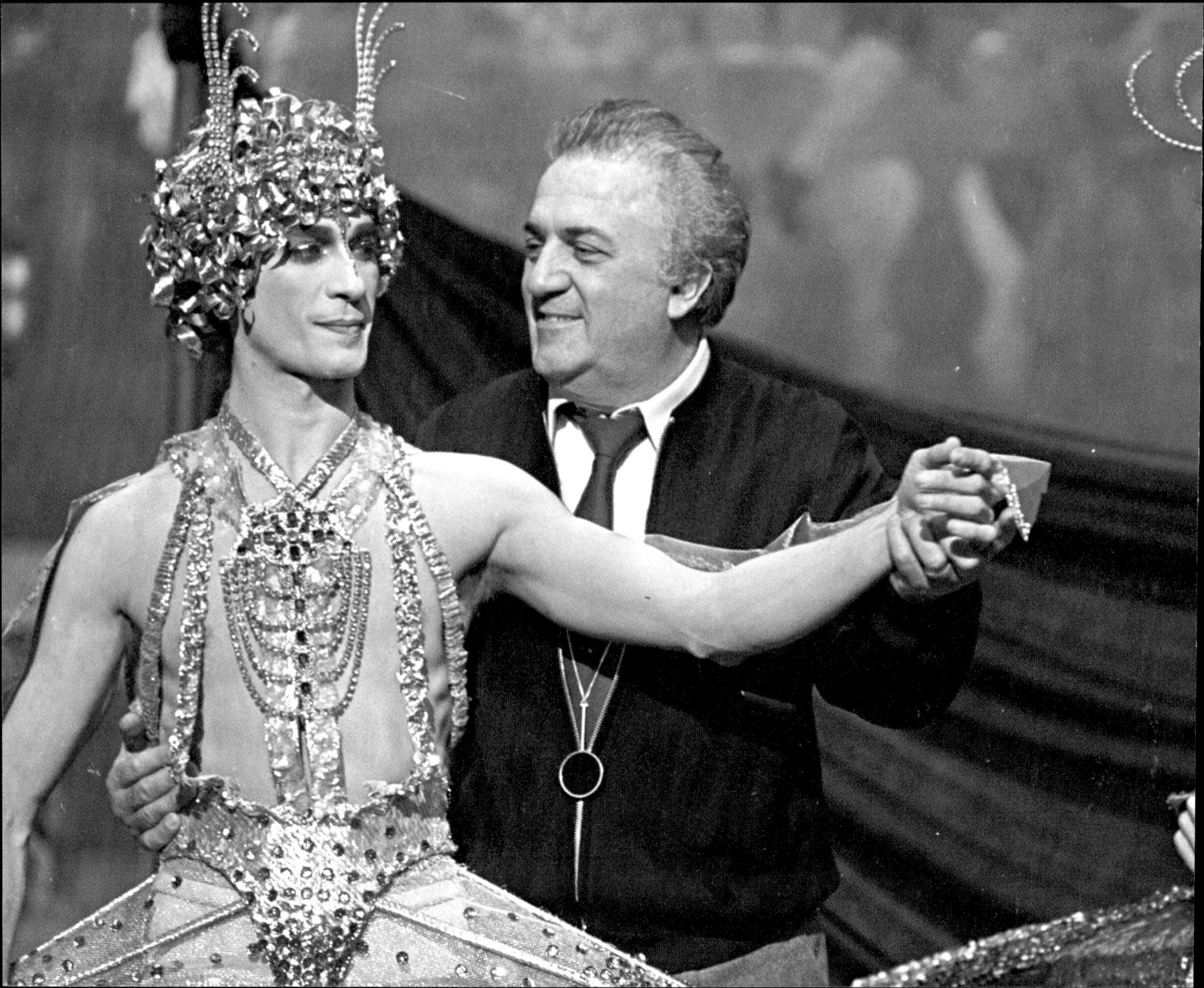

assolve facendosi eccitare da una serva. Casanova incontra a Forlì l'amore della sua vita (Tina Aumont), filosofeggia sulla donna sottomessa e sull'uomo che soffre per amore con espressioni come: "chi non parla male delle donne non le ama" e "dobbiamo perderci nelle labbra della donna amata". Alla fine la sua donna fugge con un emissario di un importante signore europeo. Casanova non sceglie né la morte né il saio, ma si limita a piangere la perdita di un grande amore che soltanto lui aveva creduto tale. Il viaggio di Casanova prosegue verso Londra con una nuova avventura erotica finita male, per colpa di una madre e una figlia libidinose che lo mortificano fino a fargli meditare il suicidio. "Dove ti portano i tuoi viaggi attraverso il corpo di una donna?", è la domanda che fanno spesso al grande amatore veneziano. Forse da nessuna parte, perché Casanova vorrebbe essere considerato per altre doti, non per ciò che l'ha reso famoso.

Fellini esprime la sua filosofia sull'amore per mezzo di una commedia in costume, facendo parlare Casanova con espressioni settecentesche. Nell'amore serve cultura, fantasia, non basta la forza bruta del Buon Selvaggio teorizzato da Rousseau. Una gara tra Casanova e un cocchiere sottolinea che amore e intelligenza formano un binomio imbattibile. Il viaggio di Casanova ci porta in Svizzera, dove il nobile veneziano incontra una donna deforme e due amanti insaziabili che mettono in scena il teatrino dell'amore. Molto poetico l'incontro con la madre che non vede da anni e che è sempre stata una presenza inconsistente della sua vita. Casanova continua a vagare tra Belgio e Olanda, incontra balene

women and men who suffer from love with expressions such as: "those who don't speak ill of women, don't love them" and "we must lose ourselves in the lips of the woman we love". In the end, his woman runs off with an important European gentleman's emissary. Casanova chooses neither death nor to become a monk, but simply cries over the loss of a love that only he had believed in. Casanova's journey takes him to London, and his latest ill-fated erotic adventure. Here, a libidinous mother and daughter manage to mortify him to the point of contemplating suicide. "Where do your journeys through women's bodies take you?" is the question the Venetian lover is often asked. Perhaps nowhere, because Casanova wishes to be considered for other gifts rather than his sexual abilities.

Fellini expresses his thoughts on love via a period comedy, through Casanova's eighteenth-century language. Culture and fantasy are necessary for love. The brute force of the Noble Savage as theorised by Rousseau is not enough. A race between Casanova and a stage-coach driver highlights the fact that love and intelligence form an unrivalled duo. His journey then takes him to Switzerland, where the noble Venetian meets a deformed woman and two insatiable lovers who stage a little theatre-show of love. The scene in which he meets his mother after a long absence – and who has always been an inconsistent figure in his life – is highly poetical. Casanova journeys through Belgium and Holland, meeting giant whales and tortoises along the way. However, his main discovery is that of the mechanical woman, perhaps the only perfect woman. Casanova courts this female robot because her vivacity could fool anyone. He dances with her, and they make love. The doll represents a

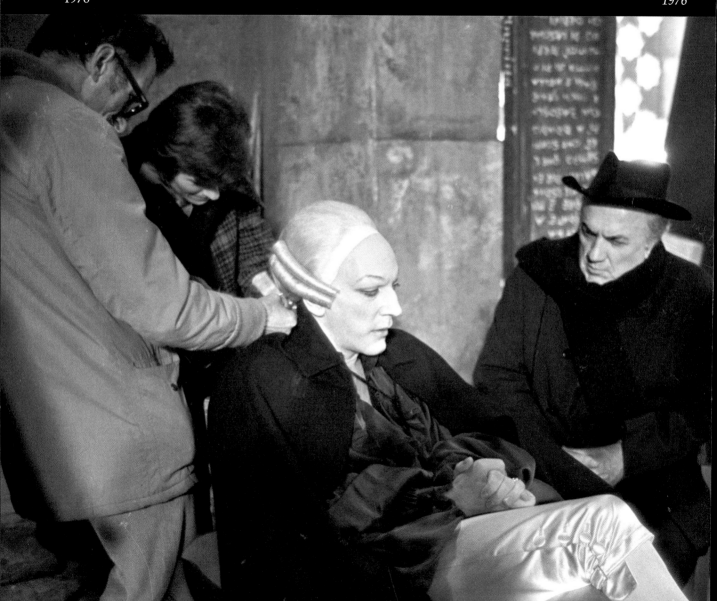

Fellini e Donald Sutherland sul set
de Il Casanova
1976

Fellini and Sutherland during a break
on the set of Il Casanova
1976

giganti e testuggini enormi, ma soprattutto conosce la donna meccanica, forse la sola donna perfetta. Casanova corteggia la femmina - robot perché *il suo colorito ingannerebbe chiunque*, balla con lei, ci fa persino l'amore. La bambola è la donna che non ha difetti, docile, ubbidiente, senza esigenze e problemi. Fellini descrive con pennellate malinconiche la vecchiaia di Casanova, bibliotecario in Boemia, lontano dalla patria, deriso da tutti, ormai inutile e solo. Il vecchio ex amatore sistema i libri polverosi di una casa nobile ma è un servo come gli altri, costretto a mangiare cibi stranieri e privato persino della gioia di un piatto di maccheroni. Casanova vorrebbe essere ricordato come letterato ma non lo sarà e viene deriso anche quando recita una poesia davanti alla mensa imbandita. "Tornerò mai più a Venezia?", sussurra. Fellini realizza il consueto finale poetico composto da una languida nostalgia del passato e da una struggente parte onirica. Nel sogno Casanova torna giovane, rivede la sua terra lontana, la macchina da presa riprende la danza tra il nobile veneziano e la donna meccanica, unica femmina perfetta della sua vita, che incontra in una piazza surreale per una notte d'amore dai contenuti onirici.

Il film si caratterizza per costumi curati, scenografie eleganti e una ricostruzione puntuale della vita di corte, tra spettacoli, musicisti, pranzi, conversazioni colte e danzatori. La parte musicale è molto ampia e Nino Rota può realizzare una delle sue colonne sonore più riuscite. Il maestro inserisce diversi motivetti allegri che ribadiscono l'assenza di erotismo durante le prestazioni erotiche. Le poesie di Andrea Zanzotto e di Toni-

woman without defects. She is docile, obedient, without demands or problems. With melancholy brush strokes, Fellini portrays Casanova in his old age, as a librarian in Bohemia. He is far from his homeland, mocked by everyone, alone and useless. The former renowned lover tidies up dusty books in a noble home, but now he is a servant just like the rest. He must eat foreign food, and has been deprived of even the simple joy of a plate of maccheroni. *Casanova wants to be remembered as a man of literature. This, however, he can never be, and will be the target of ridicule even when reciting poetry at the dinner table. "Will I ever return to Venice?" he asks himself, whispering. Fellini's usual poetic finale is composed of a languid nostalgia for the past, and a moving dreamlike sequence. In his dream, Casanova becomes young again and sees his far-off land. The Venetian nobleman's dance with the mechanical woman – the only perfect woman of his life – is shown again: they meet in a surreal* piazza *for a dreamlike night of love.*

The film contains meticulously prepared costumes, elegant settings, and an accurate reconstruction of a life of nobility, with musicians, dancers, shows, dinners, and cultured conversation. The music is varied, and Nino Rota has the opportunity to create one of his most successful soundtracks. He inserts several cheerful ditties that reaffirm the lack of eroticism in the erotic scenes. Andrea Zanzotto and Tonino Guerra's poetry (La Grande Mona – The Great Pussy) is recited during the sexual interludes and heightens the stylistic content of an excellent film. La grande mona is recited in a hyperbolic manner. The female sexual organ is seen as the coach that pulls the horses, the oven that burns everything, because the whole world springs forth from the pussy.

no Guerra (*La grande mona*) vengono declamate durante le prestazioni sessuali e contribuiscono a elevare la cifra stilistica di un'ottima pellicola. *La grande mona* è recitata in maniera iperbolica, l'organo sessuale femminile è visto come *la carrozza che tira i cavalli, il forno che brucia tutto*, perché è *dalla mona* che *viene fuori il mondo*.

Fellini ha detto, a proposito del *Casanova*: "I miei film sono tutti uguali, forse il *Casanova* è uno dei miei film più ricchi, più riusciti sul piano dell'espressione. L'idea era quella di fare un film con una sola immagine, eternamente fissa e continuamente ricca di movimento. In *Casanova* avrei voluto arrivarci molto vicino: un intero film fatto di quadri fissi!". Fellini costruisce il suo Casanova come un personaggio onirico e fantastico, pieno di ironia e beffardo, anche se intriso di un ineluttabile senso di sconfitta e di morte. *Il Casanova di Fellini* vince l'Oscar per i migliori costumi curati da Danilo Donati.

La città delle donne (1979) racconta il sogno di Snàporaz (torna il cognome di *Otto e mezzo*), un uomo di mezza età interpretato da Marcello Mastroianni, che segue una donna incontrata in treno e finisce in un mondo fantastico popolato da donne.

L'esplorazione del pianeta donna si presenta come un incubo continuato, inconciliabile con le immagini rasserenanti che ritornano dalla memoria. Fellini inserisce sul grande schermo visioni contrastanti e surreali, non risparmia nessuno, né il movimento femminista, né la figura del maschio tradizionale, incarnata da Sante Katzone che ricorda un passato da *latin lover*.

Snàporaz cade nell'esca tesa da una bella scono-

On the subject of Casanova, Fellini stated that "*my films are all the same, and* Casanova *is perhaps one of my richest, most successful films in terms of expression. The idea was to make a film with one eternally fixed image, continually rich in movement at the same time. In* Casanova *I came very close to that: a whole film made up of fixed images!*" Fellini builds his Casanova as a fantastical character, derisive and full of irony, but at the same time with an ineluctable sense of defeat and death. Il Casanova di Fellini received an Oscar for Best Costumes (Danilo Donati).

La Città delle Donne (1979) is the story of Snàporaz (the surname from Otto e Mezzo) and his dream. Marcello Mastroianni plays a middle-aged man who follows a woman he meets on the train and ends up in a fantastical world inhabited by women.

His exploration of this planet of women is presented as a nightmare without end. One that cannot be reconciled with the soothing images from his memories. Fellini projects surreal, contrasting images onto the big screen. With La Città delle Donne, the director attacks both the feminist movement and – in the form of Sante Katzone, an old –school latin lover – traditional male chauvinism.

Snàporaz falls into a trap laid by a beautiful stranger (Bernice Steegers, dubbed in Italian by Valentina Cortese). She tricks him into alighting from the train at a countryside station that was supposedly Fregene. There's nothing natural about the pine grove landscape there: Fellini distorts it to suit his needs through the use of his dreamy, magical skill. "*I never run away. I've never run away in my life. I reach my goals.*" says the beautiful stranger. A wild vision greets Snàporaz among the enormous pine branches, as he follows her through a surreal curtain of fog that

Donald Sutherland sul set
de Il Casanova
1976

Donald Sutherland,
Il Casanova set
1976

sciuta (Bernice Steegers doppiata da Valentina Cortese) che lo circuisce fino a farlo scendere dal treno, in una stazione di campagna che dovrebbe essere Fregene. Il paesaggio della pineta non ha niente di naturalistico, Fellini lo modifica a suo piacimento con i meccanismi del cinema onirico. "Io non scappo. Mai scappata in vita mia. Io raggiungo", dice la bella sconosciuta. Snàporaz la segue in mezzo alle nebbie surreali che si diradano davanti al Grand Hotel Miramare, assurda visione che compare tra giganteschi rami di pini. All'interno dell'albergo si tiene un congresso di donne che parlano secondo stereotipi e pronunciano slogan femministi. Va ricordata la sequenza con una donna che pronuncia nei modi più impensati il nome dell'organo sessuale femminile e finisce per inventarne di nuovi. Roberto Benigni farà la medesima operazione durante alcune esibizioni televisive e nei monologhi teatrali, realizzando una citazione da *La città delle donne*. Il congresso femminista prevede una serrata critica al potere del fallo, drammatizzando la giornata di una casalinga sfruttata e le posizioni monotone per fare l'amore. Il maschio è rappresentato come una sorta di mostro di Frankenstein che pensa a mangiare e a soddisfare istinti bestiali mentre la donna lavora come una schiava. Il motto finale è *matrimonio - manicomio*, gridato più volte, ma su questa considerazione pare d'accordo anche Snàporaz, alter ego del regista. Una parte di vero e proprio cinema dell'assurdo è la rappresentazione di una donna che ha sposato sei mariti ispirandosi alla favola di *Biancaneve e i sette nani*. Le femministe idealizzano la donna senza uomo, essere inutile anche per fare

is drawn aside, revealing the Miramare Grand Hotel. A conference is being held by women in the Hotel, and their discussions are comprised of stereotypically feminist slogans. One memorable moment is that when one of the women pronounces the name of the female sexual organ in the most extravagant way, and ends up making up new names for it. Citing *La Città delle Donne*, Roberto Benigni would later do much the same thing in some of his television shows and theatre monologues. The feminist congress then goes on to a vicious critique of the power of the phallus, dramatising about frustrated housewives and monotonous love-making positions. The male is portrayed as a version of Frankenstein's monster, who thinks only of eating and satisfying his own primeval urges, while the female is merely a slave. The final motto, shouted over and over, is matrimonio – manicomio (matrimony – mental asylum). This is one point that Snàporaz – the director's alter ego – happens to agree with. In a scene straight from the cinema of the absurd, the viewer is shown a woman who has married six men, taking her inspiration from Snow White and the Seven Dwarves. The feminists idealise about the perfectly happy woman without a man. According to them, the latter is useless even in bed, because sex with another woman is so much better. Snàporaz feels disorientated ("What the hell is this all about?"). He searches for the stranger he'd followed off the train, but when he sees her, he can't get to her. She was simply the bait used to bring to the feminists a symbol of the enemy they faced. "There's a man among us. He claims he wants to know us better, but it's not true. He's the usual male, and we're just an excuse for him to spout his nonsense. He's a dark, worn-out caliph who doesn't know us at all…"

Fellini sul set de La città
delle donne
1976

La città delle donne set
1976

all'amore, perché riesce meglio quando due donne vanno a letto insieme. Snàporaz è disorientato ("Ma che diavolo di film è questo?"), cerca la bella signora che segue dal treno, ma quando la vede non può raggiungerla. La sconosciuta era soltanto un'esca per portare tra le femministe un uomo, come simbolo del nemico da combattere. "C'è un uomo che circola tra noi, dice che vuole conoscerci meglio, ma non è vero. Lui è il maschio di sempre e noi siamo soltanto un pretesto per fargli raccontare il suo circo. È un lugubre e stremato califfo che non sa chi siamo...", declama la bella sconosciuta. Comincia la caccia a Snàporaz che fugge in ascensore e si trova a pattinare in una sorta di palestra dove le donne picchiano un fantoccio con le fattezze dell'odiato maschio. L'incontro con una grassona che parla in veneto e lo adesca sessualmente mostrando un seno flaccido è un'altra prova di cinema privo di regole. Snàporaz finisce a bordo di un'auto con cinque donne che sembrano indemoniate, ballano musica da discoteca, sfoderano pistole e vagano tra le nebbie notturne della pineta. Snàporaz trova uno spiraglio di salvezza dalla follia femminista dentro le mura del castello di Sante Katzone, un maschilista che vive in un mondo di reliquie erotiche, teche digitali del sesso, femmine formose e simboli della donna-oggetto. Sante Katzone è la parte interiore di Snàporaz, il suo lato oscuro tipico del maschio latino, quello che considera la donna come una cosa da conquistare e da possedere. Katzone simboleggia la virilità da playboy dannunziano circondato da ricordi del passato, ma è pure il maschio superstite, che vive protetto da giganteschi alani, in un castello difeso

claims the beautiful stranger. The hunt for Snàporaz begins. He escapes in an elevator, and then finds himself skidding around in a kind of gym in which women beat an effigy of the hated male. Further proof that this is cinema without rules is given when a fat woman with a Veneto accent distracts him by showing him one saggy breast. Snàporaz ends up in a car with five seemingly possessed women. They dance to disco music, pull out guns, and drive around in the pine grove's night time fog. Snàporaz sees a glimmer of hope of escape from the feminist insanity within the walls of Sante Katzone's castle. He is a chauvinist, living in a world of erotic relics, digital sex shrines, shapely women, and symbols portraying women as objects. Sante Katzone represents Snàporaz' inner self, his dark latin macho side, who sees women as things to conquer, to possess. Katzone symbolises the virile playboy in the style of Gabriele D'Annunzio, surrounded by memories of the past. However, he also represents the male survivor. He lives protected by huge Great Danes, in a castle surrounded with barbed wire and phallus-shaped gates. His villa is located in a psychedelic palm tree forest, in the midst of dreamily swirling night time fog and old fascist memories. His fort is the last bastion of male defence, and Fellini uses the opportunity to pour gallons of ironic scorn on this pathetic character. It's obvious Snàporaz doesn't enjoy Katzone's company, because the only thing on his mind is to find the train station and escape from this absurd world. In the end we see him in court, where the feminists declare him guilty of his crimes. They take him to an arena to be lynched. Katzone saves him with the aid of a blow-up doll, and takes him away from the feminists and up into Heaven. Here, he sees the Ideal Woman sporting

Fellini spiega la scena sul
set de La città delle donne
1979

Fellini explains the scene on
the set of La città delle donne
1979

con filo spinato e cancellate falliche. La sua villa sorge in mezzo a una foresta psichedelica fatta di palme, tra la nebbia di un notturno onirico e vecchi ricordi fascisti. Il suo fortino è l'ultimo baluardo della difesa maschile e Fellini non manca di riversare dosi di sferzante ironia anche su questo patetico personaggio. Snàporaz dimostra di non gradire la compagnia di Katzone perché pensa soltanto a ritrovare la via della stazione e a fuggire da un mondo assurdo. Alla fine lo vediamo in un'aula di tribunale, ritrova le femministe che lo condannano e viene condotto in un'arena dove dovrebbero essere linciato. Katzone lo salva con una bambola gonfiabile che lo porta via dalle femministe e lo fa salire in cielo, dove vede la Donna Ideale dotata di aureola come una Madonna. Tutto è soltanto un incubo all'interno del pianeta donna, perché Snàporaz si risveglia in treno insieme alla moglie.

Federico Fellini confessa la sua difficoltà a comprendere l'universo femminile in trasformazione e fa proprie le parole di Carl Jung: "La donna è dove l'uomo ha la sua ombra, sì che spesso egli è portato a confondere la donna con la propria ombra".

La città delle donne, scritto e sceneggiato da Federico Fellini e Bernardino Zapponi, va letto come un apologo antifemminista, pensato per dare una risposta maschile alle contestazioni femministe. I rapporti uomo - donna sono descritti con toni neri e la polemica spesso danneggia un buon contenuto poetico - visionario. Non manca il Fellini fantastico fatto di eccessi e nostalgia del passato, ma le divagazioni iperboliche restano in secondo piano.

a halo and looking like a Madonna. When Snàporaz wakes up on the train beside his wife, he realises it was all a nightmare set on a planet f women.

Fellini admits his difficulty in comprehending the changing feminine world, and uses Carl Jung's words: "The woman is where man's shadow lies, so that he often confuses woman with his own shadow".

La Città delle Donne *was written and adapted for the screen by Federico Fellini and Bernardino Zapponi. The film should be read as an anti-feminist apologue, a male answer to feminist complaints. Relationships between men and women are described with a dark tone, and the controversial matters in discussion often taint the visionary, poetic content. Naturally, the film contains elements of Fellini's fantastical cinema of excesses and nostalgia, but the hyperbolic digressions are somewhat toned down.*

La Città delle Donne *caused much controversy in the press, and garnered heavy criticism from the feminist movement. Fellini's thesis is that of a woman free from the chains of chauvinist male dominance, but unable to have a constructive relationship with a man. The director criticises the role of women in Italian society. The feminists's eternal struggle the evil male seemed to Fellini to be a new kind of ethnic cleansing.*

Anna Prucnal, Donatella Damiani, Fiametta Baralla, Alessandra Panelli, Sara Tufari, Silvana Fusacchia, and Sibilla Sedat are all part of a memorable female cast. Fellini's women are shapely, fascinating, maternal, endowed with large breasts and huge bottoms.

La Città delle Donne *is partly inspired by Italian B-movies: it contains the same surreal city composed only of female inhabitants, as well as the presence of absurdly proportioned women resembling Amazon*

Sul set de La città delle donne
1979

La città delle donne set
1979

Il film suscita forti polemiche sulla stampa e molte critiche da parte del movimento femminista. La tesi di Fellini propende per una donna liberata dal potere maschile ma incapace di realizzare un rapporto costruttivo con l'uomo. Il regista critica il ruolo femminile nella società italiana, stravolto da eccessive rivendicazioni e lotte contro il maschio come se fosse una guerra di pulizia etnica.

Nel cast femminile ricordiamo Anna Prucnal, Donatella Damiani, Fiammetta Baralla, Alessandra Panelli, Sara Tafuri, Silvana Fusacchia e Sibilla Sedat. Le donne di Fellini sono abbondanti, avvolgenti, materne, dotate di un seno prosperoso e di un sedere enorme. *La città delle donne* nasce dalla conoscenza dei *B movies* italiani, vista l'idea surreale di una città composta da sole donne, ma anche la presenza di assurdi corpi femminili simili a regine delle Amazzoni, porno-vampiresse e punk-extraterrestri. Il film contribuisce al lancio di Donatella Damiani, attrice sensuale che diventa un *sex symbol* pure se non interpreta un ruolo fondamentale, ma si fa notare e ottiene altre scritture per ruoli da protagonista. Ettore Manni muore al termine delle riprese, ucciso per un tragico incidente da un colpo di arma da fuoco. La realizzazione dei manifesti orizzontali per le affissioni murali viene affidata al disegnatore Andrea Pazienza, un grande fumettista scomparso che ha lasciato opere geniali. *La città delle donne* viene presentato fuori concorso al Festival di Cannes nel 1980.

queens, porno-vampires, and extraterrestrial punks. This film also launched Donatella Damiani's career. Although her role was not central in the film, the sensuous actress became a sex symbol and would later receive several other script offers for lead roles. Ettore Manni died after filming had finished, killed in a tragic firearm accident. The late designer Andrea Pazienza – a masterful comic strip artist who has left us with some brilliant works – produced the wall posters. La Città delle Donne was premiered out of competition at the 1980 Cannes Film festival.

Le pellicole polemiche e le allegorie sociali

Prova d'orchestra (1979) è un film a coproduzione italo - tedesca per comporre un ritratto graffiante di un'Italia sospesa tra vecchio e nuovo, una vera e propria allegoria che punta il dito contro il sindacalismo e la difesa dei particolarismi.

Il film comincia con un vecchio copista che racconta la storia di una chiesa del 1200 trasformata in auditorium. *Prova d'orchestra* è puro cinema teatrale, basato sulla recitazione e sull'unità di tempo e di luogo, perché l'azione si svolge nella sala dove si esibisce l'orchestra. La televisione intervista i professori, personaggi stressati e nevrotici che presentano i loro strumenti per lodarne le qualità. Il pianoforte è come un re sul trono, il flauto è simile alla voce umana, il trombone ha la voce grave, è lo strumento dei clown, solitario, da suonare in riva al mare d'inverno, quando non c'è nessuno. Il regista inserisce piccole trovate geniali come il ragno che si dondola sul filo di ragnatela e l'orchestrale che intuisce: "Siamo qui per far fare l'altalena al ragno". E poi prosegue con gli strumenti: il primo violino è il vero divo dell'orchestra, il clarinetto fa uscire dalle nebbie della Padania il suo proprietario, la tromba esprime allegria, tristezza, silenzio. L'oboe è lo strumento più antico e più solo, il bassotuba è indicato per fare un assolo alla luna… La figura autoritaria del direttore d'orchestra è un colpo di genio di Fellini che vuole porre l'accento sul mutare dei tempi, perché oggi nessuno è disposto a farsi comandare.

Prova d'orchestra è una metafora del presente, sul disordine che regna e su quanto sia difficile

Controversial Films and Social Allegory

Prova d'Orchestra (*Orchestra Rehearsal - 1979*) is an Italian-German production that launches a scathing attack on an Italian society, walking a thin line between tradition and modernity. It's a genuine allegory that points an accusing finger at trade unionism and the defence of small, unimportant details. The film begins with a copyist telling the story of a church built in the 13th century, which had been transformed into an auditorium. Prova d'Orchestra is pure theatrical cinema. It's based on recital and the unity of time and place, as the action takes place in the orchestra's performance hall. Assorted professors and stressed, neurotic characters are interviewed on TV as they proudly display and talk about their instruments. The piano takes its place like a king sat on his throne, and the flute's sound is similar to the human voice. The trombone, with its grave, deep voice, is the clown's instrument. It's a lonely sound, one meant to be heard beside a winter sea, when there's no-one around. The director drops little gems of genius in the film, such as the scene where the spider hangs on the end of its thread, and the orchestra member realises that "we are here to set the spider swinging". The film continues with the instruments: the first violin is the orchestra's true star, and the clarinet releases its owner from the Padania fog. The trumpet expresses joy, sorrow, silence. The oboe is the orchestra's oldest and most lonely instrument, while the bass tuba is ideal for playing solos by the light of the moon… The authoritative figure represented by the orchestra conductor is Fellini's stroke of genius. The director

Fellini sul set di Prova d'orchestra
1979

Fellini on the set of Prova d'orchestra
1979

riportare armonia fra le cose. Fellini si segnala come grande creatore di personaggi, che rende espressioni caricaturali di una tragica realtà. L'orchestra si ribella all'arrogante direttore tedesco (Balduin Bass) e si scatena l'anarchia, fino a quando una gigantesca palla nera sfonda la parete. A quel punto i musicisti riprendono a suonare tra i calcinacci e a seguire gli ordini sempre più arroganti del direttore. Non è facile comprendere il finale e non è dato sapere se Fellini preferisca l'ordine a ogni costo o l'anarchia totale, anche se pare propendere per un giusto mezzo. In ogni caso la metafora è ben espressa dalle parole del direttore che torna sul podio per dirigere l'orchestra. "Si deve dedicare attenzione allo strumento. La musica ci salva. Aggrappatevi alle note. Siamo musicisti. Solo questo possiamo fare. Provare". La sola salvezza per il genere umano sta nella creazione artistica e nel caso specifico Fellini propende per il valore salvifico della musica. Torna alla memoria una vecchia dichiarazione di Fellini: "L'arte è una necessità o un'interpretazione della vita che abbandonata a se stessa sarebbe priva di significato. L'arte ci rassicura, ci fa riflettere sulla vita che di per sé sarebbe soltanto un cuore che batte, due polmoni che respirano… L'arte è il tentativo più riuscito di inculcare nell'uomo l'indispensabilità di avere un sentimento religioso". La pellicola è un contenitore di simboli e di bozzetti grotteschi girati con mano felice e ispirata. Le musiche di Nino Rota sono la cosa migliore, ma anche la fotografia di Giuseppe Rotunno e le scenografie di Dante Ferretti non sono male. Brunello Rondi scrive e sceneggia la storia insieme al regista.

wanted to highlight the changing of the times, because nowadays no-one wants to be told what to do anymore.
Prova d'Orchestra is a metaphor for present times: the chaos that rules, and the difficulty in bringing back harmony. Fellini proves himself to be a master at creating characters, and making caricatured renditions of a tragic reality. The orchestra rebels against the arrogant German conductor (Balduin Bass), and anarchy reigns. This goes until an enormous wrecking ball breaks through the wall. At that point the musicians begin playing again amidst the rubble, following the conductor's ever-increasingly arrogant orders. It's not easy to interpret the ending, and it's unclear whether Fellini prefers order at all costs, or total anarchy. In spite of this, his propensity in the film appears to be for a point somewhere between the two. Either way, the conductor's words as he returns to the podium efficiently express the metaphor: "You have to pay close attention to your instrument. Music can save us. Hang on to the notes. We are musicians. This is the only thing we can do. Try". The human race's only salvation lies within artistic creation, and Fellini specifically points to the redeeming power of music. One of the director's past declarations is brought to mind: "Art is a necessity, or an interpretation of life which would be meaningless if left to its own devices. Art reassures us, it makes us reflect on a life that would otherwise merely be a beating heart, and lungs that breathe… Art represents the most successful attempt to instil into humanity the vital need for religious sentiments". The film is a veritable catalogue of symbols and grotesque outlines, drawn by a happily inspired hand. The finest element of the film is Nino

Prova d'orchestra è l'ultima collaborazione di Nino Rota con Fellini, perché il grande compositore muore alla fine delle riprese.

E la nave va (1983) è una coproduzione italo - francese che porta sul grande schermo una storia ambientata nel 1914. Si parte da un non ben identificato porto italiano e vediamo che sul transatlantico Gloria N. vengono imbarcate le ceneri della cantante lirica Edmea Tetua. La nave salpa verso l'isola greca di Erimo, per esaudire la volontà del soprano di abbandonare in quel mare le sue ceneri.

La pellicola è un sentito omaggio al mondo della musica lirica e nella parte iniziale ricorda anche il cinema di una volta, soprattutto il periodo del muto. Fellini realizza un bel quadro d'altri tempi, ricostruendo nei teatri di posa di Cinecittà sia il transatlantico che le scenografie portuali e marine. Le immagini iniziali sono anticate, una fotografia color seppia e un montaggio rapido ci portano indietro nel tempo, fino a quando una dissolvenza uniforma il colore e la nave parte per la sua meta. A bordo conosciamo un campionario di varia umanità composto da celebrità della lirica, nobili, ufficiali e amici della defunta, che Fellini descrive con dovizia di particolari seguendo la voce narrante di un giornalista. Il funerale di una cantante lirica è il pretesto per raccontare la vita durante un viaggio per mare, perché i personaggi costituiscono un simbolico assortimento di caratteri.

La nave è in viaggio verso il mar Egeo, mentre l'inviato speciale Orlando (Freddie Jones) racconta la cronaca di bordo e funge da raccordo tra le varie scene. A un certo punto si affaccia

Rota's score, and Giuseppe Rotunno's photography and Dante Ferretti's set design are also of good quality. Brunello Rondi wrote both story and screenplay together with the director. Prova d'Orchestra *represents Nino Rota's final collaboration with Fellini, as the great composer died after shooting was finished.*
E La Nave Va *(And the ship sails on - 1983) is an Italian/French production which brings a story set in 1914 to the big screen. The film begins at an unidentified Italian port. The viewer is shown that the ashes of Edmea Tetua, the opera singer, are carried on board the transatlantic liner Gloria N. The ship sets sail for the Greek island of Erimo, where, as the soprano had requested before her death, her ashes would be scattered in the sea.*
The film is a heartfelt homage to opera music. The first scenes evoke the cinema of a bygone era, particularly the silent films of old. In the studios of Cinecittà, Fellini faithfully recreated the past, constructing both the ocean liner and port and marina sets. The first images are done in an antique style. Sepia-toned photography and a quick montage takes the viewer back in time, before colour fades back into the shot, and the ship sets sail on its voyage. On board we meet a wide-ranging group of characters including celebrities of the opera, noblemen, officers, and friends of the late singer. Fellini uses a wealth of detail to describe this cast of characters through the voice of a narrating journalist. The singer's funeral is a vehicle to portray life on a sea-voyage: the characters come together to represent a symbolic assortment of personalities.
As the ship sails towards the Aegean Sea, Orlando (Freddie Jones), a special envoy, relates the occurrences on board, and acts as a link between the vari-

l'imprevisto sotto forma di evento storico. Siamo nel 1914, scoppia la Prima Guerra Mondiale, il comandante soccorre dei profughi serbi e in pieno Mar Egeo avviene lo spiacevole incontro con una corazzata austriaca.

La cosa più bella del film sono i pezzi di musica lirica che accompagnano le scene, spesso girate a tempo di valzer o di un languido bolero, ma sempre secondo regole teatrali. Ricordiamo il concerto con i bicchieri, ma anche la sfida a colpi di acuti in sala macchine, tra gli applausi entusiasti di cuochi, sguatteri e fuochisti. Un rinoceronte nella stiva aggiunge un pizzico di fantastico a un film che non è molto in sintonia con gli ultimi lavori di Fellini, pure se non rinuncia a inserire divagazioni surreali. L'operazione di soccorso ai profughi serbi è utile per accennare un discorso sociale che mette i poveri in primo piano come allucinati spettatori di un pranzo di gala. Il posto dei diseredati è il ponte sopra la stiva, il capitano decide di delimitare la loro zona di movimento, anche se è generoso nella fornitura di cibo. Molto intensa l'Ave Maria cantata dai profughi, ma anche il ballo che unisce sul ponte, come se la musica aiutasse a superare gli steccati di classe. La consegna dei profughi agli austriaci è un altro pezzo di grande cinema, ma soprattutto di ottima musica lirica con brani tratti dal *Nabucco* e un originale *Non ve li diamo* scritto da Zanzotto. Fellini trova spazio per illustrare una storia d'amore dal sapore di fiaba tra una nobildonna e un giovane profugo, che pare servire da ispirazione a James Cameron per un kolossal commerciale come *Titanic* (1997). I poveri serbi che lanciano rudimentali bombe sul-

ous scenes. The theme of unforeseen happenings rears its head at one point in the form of a historical event. The year is 1914, the year which marked the beginning of the First World War. The ship's executive officer comes to the aid of a group of Serbian refugees, and later, right in the middle of the Aegean, we see the ship's unfortunate encounter with an Austrian battleship.

The film's best feature are the pieces of opera music that accompany the scenes. At times they are set to the rhythm of a waltz, or a languid bolero, but they area always theatrical. The more memorable scenes include the concert played with drinking glasses, and a battle of high notes in the engine room, set to enthusiastic applause from cooks, scullery-boys, and stokers. Although this film is not really on the same wavelength as some of Fellini's last works, he refuses to renounce surreal digressions. This is particularly clear when he introduces the image of a rhinoceros in the cargo hold. Fellini makes a social commentary in the scene in which the Serbian refugees are helped. He presents the poor as dazzled onlookers at a luxurious gala dinner. The outcasts' place is the ship's bridge, above the cargo hold. Although the captain provides them with generous helpings of food, he puts limits to the area within which they can move. The refugees sing an intense version of Ave Maria, and the dance which forms and unites people across the bridge is equally powerful. It is as if music can help to overcome class divides. The moment when the refugees are handed over to the Austrians represents a great moment in the history of cinema. However, it's also a triumph of splendid opera music, with pieces taken from Nabucco, *and* Non Ve Li Diamo, *an original*

Una splendida scenografia del
set di Casanova
1976

A beautiful set design for Casanova
1976

la corazzata sono un altro punto interessante che prelude al reciproco affondamento. Il finale è come sempre poetico: un filmato in bianco e nero ricorda la grande cantante, la nave cola a picco mentre ascoltiamo brani di musica lirica. La pellicola torna color seppia, persino graffiata, mentre il giornalista si mette in salvo sulla scialuppa insieme al rinoceronte.

E la nave va non ha niente di autobiografico, resta un lavoro prezioso per la cura della confezione scenografica e per l'attenzione con cui Fellini ritrae i personaggi a bordo del transatlantico. Il film è scritto dal regista insieme a Tonino Guerra, ma il suo maggior difetto resta la mancanza di coesione e la dispersione in rivoli di umanità. Fellini cerca di realizzare un ritratto di una civiltà passata ma un eccessivo autocompiacimento fa perdere forza al quadro d'insieme.

La parte finale mostra tutta la falsità del cinema come mondo popolato da fantasmi, quando il regista inquadra la troupe di Cinecittà, il set, le macchine da presa e gli effetti speciali. Mario Bava compie una simile operazione ne *I tre volti della paura* (1963), quando al termine della pellicola rivela i trucchi di scena mostrando Boris Karloff in sella a un cavallo finto. *E la nave va* è un film malinconico, ma eccellente sul piano delle immagini e delle scenografie, curate rispettivamente da Giuseppe Rotunno e Dante Ferretti. Il montaggio di Ruggero Mastroianni è ben calibrato e differenzia stilisticamente le parti iniziali dal resto dell'opera. Ottime le musiche di Gianfranco Plenizio, mentre i testi delle canzoni originali sono del poeta Andrea Zanzotto. Lo scrittore Andrea De Carlo è assistente alla regia. *E la nave*

piece written by Zanzotto. Fellini also finds the time to depict a fairy-tale love story between a noblewoman and a young refugee, seemingly inspiring James Cameron's colossal Titanic (1997). The poor Serbs provide an interesting moment, as they throw rudimentary bombs onto the battleship, a prelude to the moment when the Austrians would return fire and sink the Gloria N. As per usual, the finale is poetry: a black and white film commemorates the great singer, and the ship sinks to the sound of opera. The picture becomes sepia-toned and scratched in places, as the journalists clambers onto a lifeboat with the rhinoceros.

There's no autobiographical element to E La Nave Va. However, it's still a precious work, due mainly to the painstaking creation of sets, and the care taken by Fellini in portraying the characters on board the ocean liner. The director wrote the film together with Tonino Guerra. Its major flaw is the lack of cohesion and the way the idea of humanity trickles away from the story and characters. Fellini attempted to portray a bygone civilisation, but the film contains an excess of self-congratulation which mars the result.

The final part displays the falseness of the cinema, presenting it as a world populated by ghosts: the director turns the camera on his crew in Cinecittà, the set, the cameras and special effects. Mario Bava did the same thing in I Tre Volti Della Paura (Black Sabbath - The three faces of Fear - 1963). At the end, he reveals the film's special effects secrets, showing Boris Karloff mounted on a fake horse. E La Nave Va is a melancholic film, and the photography and sets – done by Giuseppe Rotunno and Dante Ferretti respectively – are excellent. Ruggero Mastroianni's

va vince cinque Nastri d'argento: regia, fotografia, scenografia, costumi (Maurizio Millenotti) ed effetti speciali (Dante Ferretti). Si aggiudica quattro David di Donatello: film, sceneggiatura, fotografia e miglior scenografia. Federico Fellini guadagna il Premio David Luchino Visconti in omaggio alla carriera, mentre alla pellicola viene assegnato il Premio San Jordi per il miglior film straniero.

Nel 1983 esce *Il tassinaro*, un ritratto di Roma vista dallo specchietto retrovisore di un tassista, modesto film diretto e interpretato da Alberto Sordi, ma importante per la presenza di Federico Fellini nella parte di se stesso. Pietro Marchetti (Sordi) è un vecchio tassista che gira da quarant'anni per le strade di Roma e sulla sua auto salgono clienti di ogni tipo. Vediamo Silvana Pampanini e Giulio Andreotti prestare i loro volti alla filosofia qualunquista di Sordi, grande attore ma modesto regista che scrive la storia insieme ad Age e Scarpelli. Ricordiamo la sequenza con il tassinaro Alberto Sordi che carica sul proprio taxi Federico Fellini e inserisce nell'autoradio una cassetta con le musiche di Nino Rota. "Me metti pure la musica?" chiede Fellini. "Perché io metto questa musichetta, dottor Fellini, quando racconto alla gente tutti i sogni suoi, che lei fa vedere nei film, quelle scene fantastiche con quelle trippone, quelle chiappone, quelle zinnone, quelle bucine…con tutti quei preti sdentati, tutti vestiti de rosso che corrono in mezzo alla strada, e poi le monache cappellone, e le cavallerizze con le chiappe più grosse del cavallo, e poi i cardinali, i baroni, i conti, i zozzoni, i poveracci, i clown, i pagliacci, coi fischietti, le trombette…

editing is skilfully done, and marks a stylistic divide between the beginning of the film and what follows. Gianfranco Plenizio's score is masterful, while the lyrics of the original songs were written by the poet Andrea Zanzotto. The writer Andrea De Carlo was the assistant director. E La Nave Va *won five* Nastro d'Argento *awards for Best Director, Photography, Set Design, Costumes (Maurizio Millenoti) and Special Effects (Dante Ferretti). It also won four Donatello's David awards for Best Film, Screenplay, Photography, and Set Design. Federico Fellini won the David Luchino Visconti Prize for his career, while the film won the San Jordi prize for Best Foreign Film.*

Il Tassinaro *was released in 1983. It's a portrait of Rome as seen in a taxi driver's rear-view mirror.* Il Tassinaro *is a modest film both directed by and starring Alberto Sordi, but it's important in the sense that Federico Fellini makes an appearance, playing himself. Pietro Marchetti (Sordi) plays an old taxi driver who for the last forty years has driven round the streets of Rome, picking up all manner of clients along the way. We see Silvana Pampanini and Giulio Andreotti listening to Sordi's philosophies and his mistrust of politicians. Sordi was a magnificent actor, but a modest director, and he wrote the story together with Age and Scarpelli. At one point, Federico Fellini gets into Sordi's taxi, and the latter puts on a cassette tape. The music that issues forth is Nino Rota's. "Oh, so you're putting on some music for me?" asks Fellini. "Because, Doctor Fellini, I put this music on when I talk about your dreams with my clients. Those dreams you show in your films, the fantastical scenes with the huge bellies, buttocks, tits, bucine…*

piripì piripì piripì piripì piripì. Er vecchio che se
perde nella nebbia...poi sarebbero tutti i suoi sogni che..." risponde Sordi. "Solo questo lei vede
nei miei film?" conclude Fellini.

Ginger e Fred (1986) è una coproduzione italo -
francese che vede Marcello Mastroianni e Giulietta Masina nei panni di Amelia e Pippo, due
ballerini famosi negli anni Quaranta per l'imitazione di Fred Astaire e Ginger Rogers. Il tempo
passa e i miti del passato si perdono nella memoria, ma un bel giorno una televisione privata riporta alla ribalta Ginger e Fred per riproporre il
vecchio numero nella trasmissione *Ed ecco a voi...*
Fellini punta l'occhio della macchina da presa
su una serie di assurdi cartelloni pubblicitari,
sin dall'arrivo di Giulietta Masina alla stazione
Termini. La pubblicità ossessiva, la presenza di
una televisione fatta di programmi fotocopia e la
critica alla società dei consumi sono i momenti
fondamentali del film. La pubblicità è invasiva,
ma lo sono anche il mondo del calcio con partite
da seguire nei momenti più impensati e una televisione che fa spettacolo nei modi più assurdi.

Il mondo televisivo è fatto di sponsor, pubblicità e volgarità quotidiane, ma per un breve momento la magia degli artisti resta in primo piano
offuscando tutto il resto. L'operazione nostalgia
raduna una serie di fenomeni da baraccone, i
nani del circo, i culturisti con muscoli artificiali, un prete innamorato, due frati che parlano di
religione, un ammiraglio in pensione e i nostri
ballerini di tip tap. Ginger e Fred non ballano
insieme da molti anni, ma decidono di farlo per
l'ultima volta, forse per ricordare i bei tempi an-
dati e per sentirsi ancora vivi. Un black-out elet-

*with all those toothless priests, all dressed in red, run-
ning about the streets, and then the nuns with the
big hats, the circus riders with bigger bottoms than
their horses, and the cardinals, the barons, the counts,
the dirty old men, the poor folk, the clowns with their
whistles, the trumpets...* piripì piripì piripì piripì.
*The old geezer who gets lost in the fog... and these are
supposed to be your dreams..."* answers Sordi with a
thick Roman accent. *"Is that all you see in my films?"*
is Fellini's reply.

*Ginger e Fred (1986) is an Italian-French produc-
tion starring Marcello Mastroianni and Giulietta
Masina. They play Amelia and Pippo, a couple of
dancers who had been famous in the 40's for their
imitations of Fred Astaire and Ginger Rogers. Time
has passed, and the legends of the past have been long
since forgotten. However, one day a private television
network decides to bring back Ginger and Fred, so
that they may perform their old routine on the program* Ed Ecco a Voi... *Right from Giulietta Masina's
arrival at Rome's Termini train station, Fellini shows
the viewer a whole host of absurd publicity posters.
The film's main themes are those of intrusive advertising, the presence of television with identical pro-
grams, and a critique of consumer society. The adverts are intrusive, but so are other elements such as
the football matches which are broadcast and watched
at the most inopportune times, and the ridiculous entertainment shows on TV. The world of television is
made up of sponsors, advertising, and everyday vul-
garity, but for one brief, shining moment of magic, it
all takes a back seat to the artists' performance. This
nostalgic project draws a crowd of assorted freaks,
circus dwarves, body-builders with artificial muscles,*

Sul set di Ginger e Fred
1986

Ginger e Fred set
1986

trico fa meditare a Fred la fuga, quando torna la luce vorrebbe fare il gesto dell'ombrello a tutti i *teledipendenti*, ma poi non trova il coraggio e porta a termine con fatica il suo numero.

La musica suadente e nostalgica di Nicola Piovani realizza un connubio vincente con la materia narrata, sempre in bilico tra sentimento e memoria del tempo passato. I frequenti intermezzi pubblicitari vedono all'opera Moana Pozzi che esibisce doti fisiche esuberanti per rendere convincente il discorso contro i messaggi invasivi. Le pubblicità inserite nella storia sono idee originali di Fellini che inventa spot su olio d'oliva, pizza, polenta e maccheroni, forte dell'esperienza come regista pubblicitario (*Barilla*). Torna anche il tema della società contemporanea composta da rumori di fondo, nella quale non si riesce a trovare un momento per fare silenzio e riflettere. Il regista miscela bene gli ingredienti di una commedia agrodolce sul tempo che passa, presentando vecchi artisti che si ritrovano pieni di acciacchi, ma con tanta voglia di dimostrare ancora il loro valore. La finzione televisiva, la presenza ossessiva di un intrattenitore sorridente, la pubblicità che guida il circo mediatico, contrastano con la poesia dei vecchi che ricordano il passato. "Adesso evito di spogliarmi davanti a una donna", dice Mastroianni.

Fellini presenta il personaggio del presidente della televisione privata come critica a Berlusconi, ma il punto forte è lo show impostato su momenti trash e intrisi di sentimentalismo.

"Soltanto questa banda di matti poteva farci tornare insieme", commentano i due ballerini. L'esibizione faticosa e deludente di Ginger e Fred è

a priest in love, two monks discussing religion, a retired admiral, and our tap-dancing heroes. Ginger and Fred haven't danced together for a long time, but they decide to do it one last time. Perhaps it's an attempt to relive the good old days and to feel alive again. At one point there's a power cut in the studio, and during the pause, Fred meditates on a possible escape. He considers making obscene gestures at the TV addicts sat at home when the lights come back on. In the end, however, he can't pluck up the courage to do it, and with some difficulty he performs the old routine. Nicola Piovani's catchy, nostalgic music mixes well with the story, which keeps a good balance between sentiment and memories of the past. Moana Pozzi's shapely presence during the frequent advertising breaks provide a convincing argument against intrusive publicity messages. Fresh from the experience of directing advertisements (Barilla *pasta*), Fellini inserted his own original advertising ideas into the film: ads for olive oil, pizza, polenta, and maccheroni. Another theme in the film is that of a contemporary society full of background noise. It's impossible to find a moment of peace and quiet to reflect. The director mixes his ingredients well to create a bittersweet comedy about the passage of time. He portrays old, weary artists, who nevertheless want to show they still have the old magic. The false world of television, the obsessively smiley presence of a TV show host, the advertising that controls the whole media circus: all this contrasts with the poetry expressed by the old artists' memories. "Nowadays I try to avoid undressing in front of a woman", says Mastroianni.

Fellini's portrayal of the private TV network's president is a critique of Berlusconi, but the highlight of

Fellini posa sul set de La
città delle donne
1979

Fellini posing on the set of
La città delle donne
1979

un momento poetico, un frammento di tenera nostalgia e di memoria del tempo che passa. Il finale è la solita perla di Fellini che accompagna i due vecchi ballerini alla stazione per un ultimo momento di celebrità. Ginger e Fred si salutano con il gesto con cui cominciavano a danzare, ma resta solo il tempo per far partire un malinconico treno che pubblicità e rumori tornano in primo piano.

Ginger e Fred alza il tono della polemica nei confronti della società contemporanea. Fellini racconta il progressivo degrado dei costumi, l'abbrutimento di una società schiava del cattivo gusto e della pubblicità, della disumanizzazione dei rapporti fra individui.

Lo sguardo del regista cade impietoso sulla presenza mistificatrice e ossessiva della televisione, vero e proprio idolo domestico davanti al quale tutto viene immolato. Ginger e Fred è un attacco allo strapotere mediatico, una critica alle televisioni commerciali, ma soprattutto rappresenta il ricordo del tempo passato e cerca di compiere un'analisi amara e disincantata della società contemporanea. Fellini è visionario e onirico come nei film migliori, non riempie il suo lavoro di legittima indignazione, ma preferisce la rassegnazione stoica ed elegiaca. Pare dire al suo pubblico che il poeta non deve gridare ma soltanto suggerire e rappresentare le cose che non vanno. Paradosso, grottesco e fine ironia sono le cifre portanti di un film che si segnala per una serie di finti ma gustosi spot televisivi. Tra gli interpreti ricordiamo Franco Fabrizi e Mimmo Poli, ma anche Moana Pozzi, che con le sue forme abbondanti incarna la donna ideale del re-

the production is the trashy, soppy television show. "Only this gang of madmen could have brought us back together again" state the two dancers. Ginger and Fred's difficult, disappointing performance is a moment of poetry, a fragment of soft, tender nostalgia, and of memories of a bygone era. Fellini's finale is, as per usual, a gem. We see the two performers at the station for one last moment of celebrity status. They begin the wave that always marked the start of their dance, but as soon as the train rolls away melancholically, we are once again faced with advertising boards and background noise.

Ginger e Fred *represents a fiercer attack on contemporary society than Fellini had ever made before. He tells of an ever-increasing degradation of social habits, the brutalisation of a society enslaved by bad taste and advertising, as well as the dehumanised personal relationships. The director gives no quarter in his criticism of the distorting, obsessive presence of television: a veritable electrical idol for which anything and everything can be sacrificed. Ginger e Fred is a critique on media super-powers, commercial television. Above all it presents a memory of past times, and performs a bitter, disenchanted analysis of modern society. Like in his best films, Fellini's work is visionary and dreamlike. However, instead of filling his work with rightful indignation, he prefers a stoical and elegiac resignation. He seems to be explaining to the public that a poet has no need to shout, but must only make suggestions and point out where things are wrong. Paradoxes, and grotesque and fine irony are what carry the film, marked by a series of fake – but tastefully done – adverts. Noteworthy cast members include Franco Fabrizi, Mimmo Poli, and Moana*

Un momento della costruzione
del set di Casanova
1976

Set construction, Il Casanova
1976

gista. Le scenografie di Dante Ferretti, i costumi di Danilo Donati e l'interpretazione di Marcello Mastroianni guadagnano un Nastro d'argento e un David di Donatello. Giulietta Masina prende anche lei un Nastro d'argento, mentre un David di Donatello va alle musiche di Nicola Piovani. Federico Fellini si aggiudica il Premio David René Clair.

Pozzi, incarnating Fellini's ideal woman with her sensual curves. Dante Ferretti's set design, Danilo Donati's costumes, and Marcello Mastroianni's performance all earned Nastro d'Argento and Donatello's David awards. Giulietta Masina also won a Nastro d'Argento, while Nicola Piovani earned a Donatello's David award for his score. Federico Fellini earned the David René Clair prize.

Film non realizzati che diventano fumetti

Sul set di Ginger e Fred avviene il primo incontro tra il grande fumettista Milo Manara e Federico Fellini, anche se la loro amicizia diventa forte durante le riprese di Intervista, che vede al lavoro l'artista come disegnatore del manifesto.

L'amicizia con Manara riporta Fellini verso il mondo del fumetto - suo primo amore - e lo spinge a creare due storie come *Viaggio a Tulum* e *Il viaggio di G. Mastorna detto Fernet* con questo mezzo di espressione artistica. Pare che sia merito del giornalista Vincenzo Mollica - amico di entrambi - se si realizza un connubio artistico che fa nascere due ottimi fumetti, rendendo meno dolorosa la mancanza di una realizzazione filmica.

Milo Manara dispone di un tratto *seducente* ed *evocativo*, secondo Fellini, ed è proprio quello che ci vuole per illustrare due storie pensate per il cinema dove l'avvenenza delle *pin-up* è importante. Fellini detta i dialoghi a Mollica, che li passa a Manara, mentre Giulietta Masina cucina bombolotti al tonno e si crea un'aria da operazione segreta, quasi da scherzo adolescenziale.

Manara giunge a Roma qualche giorno dopo con la sua grande auto, le tavole disegnate e qualche bottiglia di Amarone della Valpolicella. Fellini è un grande ammiratore di Manara, così come il disegnatore è in piena sintonia con le idee del regista. Fellini detta il cast: Marcello Mastroianni è il protagonista di *Viaggio a Tulum* - racconto ambientato in un Messico misterioso - mentre Vincenzo Mollica funge da spalla comica. L'attore è favorevolmente impressionato dal progetto

Impossible movies turned into comic strips

On the set of Ginger and Fred *the art of comics creator Milo Manara and the magic of Federico Fellini blended for the very first time, yet this professional acquaintance would soon turn into a sincere friendship while filming* Intervista, *for which Manara did the original poster. Fellini's first love as an artist was for comics which led him to ask Manara to write two stories:* Trip to Tulum *and* Il viaggio di G. Mastorna detto Fernet. *Journalist Vincenzo Mollica – who was friends with both - worked the levers to make this great collaboration happen. No wonder their partnership eventually spawned two outstanding comics, somehow making up for two films that unfortunately would never see the light.*

Milo Manara has in his hands a very seductive and evocative trait, perfectly embodying Fellini's idea to enhance the hot pin-up type of girl. Fellini dictates all dialogues to Mollica who then hands them on to Manara while Giulietta Masina keeps herself busy in the kitchen, and the entire stint tends to look like a teen-ager prank of sorts. A few days later, Manara drove his big car back to Rome bringing his drawings and some bottles of Amarone della Valpolicella wine. Fellini is Manara's biggest fan, and the two get along very well. The cast had to be: Marcello Mastroianni as the main character in Trip to Tulum *– a story taking place in a mysterious Mexico – whereas Vincenzo Mollica is going to be his sidekick. The actor seemed to enjoy the idea of having so much fun at doing something supposedly called work.* Il viaggio di G. Mastorna detto Fernet *is the story of a clown won-*

Tutto è curato da Fellini
Il Casanova
1976

Fellini's detailed supervision,
Il Casanova
1976

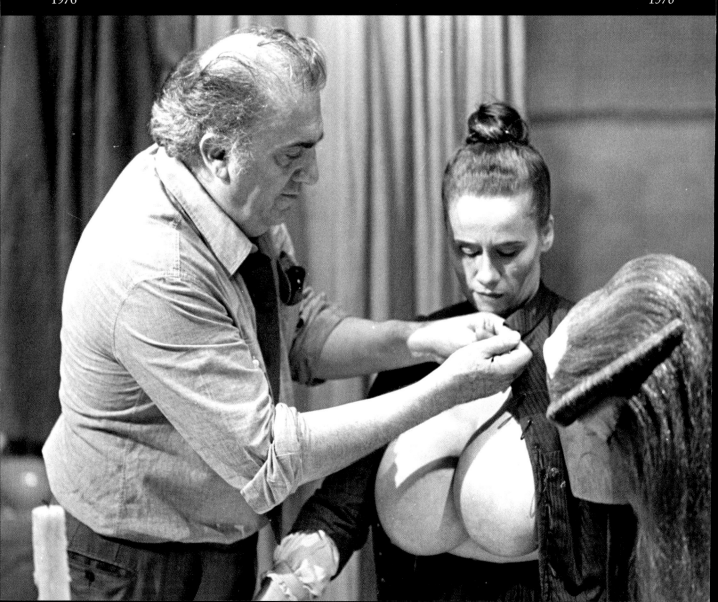

e ammette che sarebbe bello fare sempre i film così, senza lavorare. *Il viaggio di G. Mastorna detto Fernet* racconta i misteri dell'aldilà e vede protagonista un Paolo Villaggio truccato da clown per una storia scritta da Fellini insieme a Brunello Rondi e Dino Buzzati.

Il viaggio di G. Mastorna è un grande incompiuto cinematografico, che Fellini comincia a scrivere nel 1965 per mettere definitivamente da parte due anni dopo, dopo una lite con il produttore De Laurentiis. *Viaggio a Tulum* è un altro lavoro abbandonato, che nasce dall'interesse di Fellini per i libri di Carlos Castaneda, lo sciamano - scrittore che il regista confessa di aver incontrato in modo misterioso. Forse l'aneddoto di Fellini che sale sull'auto dello scrittore dopo una lite con un'amica sul Grande Raccordo Anulare è una delle tante bugie inventate dal regista, ma la voglia di girare quel film c'è stata davvero. Carlos Castaneda, con i suoi libri visionari incentrati sulla figura dello stregone Don Juan, sembra un autore capace di affascinare Fellini. Il regista coinvolge Andrea De Carlo, aiuto ne *La nave va*, ma alla fine non ne fa di niente e resta solo materiale per lo scrittore che racconta la vicenda nel romanzo *Yucatan*.

Il viaggio di G. Mastorna nasce da una trama vaga, una sorta di thriller metafisico e parapsicologico che basa il suo fascino sull'aspetto oscuro. Manara ha già scritto e disegnato due storie brevi come *Senza titolo* e *Réclame*, interpretati rispettivamente dallo Snàporaz (Marcello Mastroianni) di *Otto e mezzo* e dal *Casanova* con le sembianze di Donald Sutherland, vede Fellini come un punto di riferimento ed è entusiasta di realizzare quel-

dering about the afterlife mystery that Fellini started to write back in 1965 along with Brunello Rondi and Dino Buzzati, and likely to be interpreted by Paolo Villaggio. Unfortunately, the film version never saw the light due to a major fight with producer De Laurentiis

Same doomed fate as Trip to Tulum; once again another enticing idea that had to be left behind. It spurred from Fellini's deep interest in writer Carlos Castaneda, the shaman – he allegedly had met under some unclear circumstances. In his version, Fellini was given an occasional ride after being dropped down on the side of the highway by friend he just had a fight with. Carlos Castaneda's visionary books on the likes of a wizard called Don Juan were intriguing enough to attract Fellini's attention. He then tried to get his friend Andrea De Carlo, already his top aide on La nave va, involved in the film's project, but nothing really happened and the story only featured in Castaneda's novel entitled Yucatan.

Il viaggio di G. Mastorna was built upon a vague plot, a metaphysical and psychotic thriller of sorts soaked into Fellini's fascination over the existence of eerie dark sides. Manara had previously written two short stories: Senza titolo and Réclame, featuring Snàporaz (Marcello Mastroianni) of Otto e mezzo and Casanova (Donald Sutherland) as main characters. He looked up to Fellini as a beacon and was more than happy to turn that story into comic strips. As afore mentioned, the director's original love for comics had led him to some collaborations with 420 and Nerbini's L'Avventuroso magazines, where he had the chance to publish a few apocryphal Flash Gordon stories intended to replace the original banned ones during the fascist era. "Mastorna's story is the story

Fellini e Burt lancaster sul set de
Il Casanova
1976

Fellini and Burt Lancaster on the
Il Casanova set
1976

la storia a fumetti. Per Fellini è un ritorno al passato, alle collaborazioni con *420* e *L'Avventuroso* di Nerbini, dove per un certo periodo di tempo aveva pubblicato storie apocrife di Flash Gordon per rimpiazzare gli originali vietati dal fascismo. "La storia di Mastorna è la storia di uno che è morto ma non lo sa" confessa Fellini. Per il cinema viene girata solo la prima scena, che si svolge sull'aereo del protagonista, ma il vero viaggio di Mastorna comincia quando scende a terra. Il nome del personaggio è scelto dallo scrittore Dino Buzzati, pescando a caso nell'elenco telefonico di Milano, ma il suo significato deriva anche dallo spagnolo G. che *mas torna*, che non torna più, come ha detto il poeta Andrea Zanzotto. La storia ce la racconta Fellini: "È un viaggio immaginario, ma in una dimensione sensorialmente realissima ed esteriormente normale, a parte qualche piccolo dettaglio sospetto. È la storia del viaggio, via via sempre più inquietante, di un orchestrale emiliano - romagnolo (di Modena o di Faenza, non ho ancora deciso), il violoncellista Giuseppe Mastorna, che da Amburgo, con un grosso aereo di linea, deve raggiungere l'Italia, atteso a Firenze per un concerto". Non è facile per Fellini scegliere il protagonista di un film che non farà mai: Laurence Olivier, Ugo Tognazzi, Marcello Mastroianni… ma nessuno soddisfa il regista che forse avrebbe visto bene se stesso nei panni di Mastorna.

Il film non viene realizzato anche perché i temi sono troppo vicini alle paure più profonde di Fellini, soprattutto la visione della morte come "fine definitiva del casino sulla Terra". Mastorna riaffiora nei film successivi di Fellini, sotto for-

of a dead man who does not know it yet" says Fellini. As to the movie version, only one first scene was filmed which portrayed the protagonist on a flight back to Italy, yet the most interesting side of the story would have unfolded once Mastorna had landed. The name was randomly picked from Milan phone book by writer Dino Buzzati, but there was also a Spanish meaning to it, G. mas torna *"who will never come back", as poet Andrea Zanzotto suggested. Fellini had the full story: "It's an imaginary trip, like in a real and normal dimension, even though a few inklings come to surface. Violoncellist Giuseppe Mastorna from Emilia Romagna (I'm not sure which town exactly yet, Modena or Faenza, I have to see…) is on his flight back to Italy from Hamburg to then play in Florence, but the trip gets more and more unsettling". It was hard to find the right actor to fit in the role: Laurence Olivier, Ugo Tognazzi, Marcello Mastroianni… but he was rather thinking of himself than anybody else as Mastorna.*

"The end of chaos on Earth" was Fellini's vision of death, and the making of such a movie was as close as it could possibly get to his deepest fears, thus he never really managed to pull it off. Mastorna as character will surface again here and there, like in Satyricon, *and also in Dino Buzzati's* Poema a fumetti. *Milo Manara's amazing artwork in* Trip to Tulum, *is very shiny and joyful, consistent with his unique style. Whereas* Il viaggio di G. Mastorna *has a more pale shade in order to reflect the lingering uneasiness of the story. Federico Fellini adds: "I want this movie to have a shade of grey, basically a barren and stripped down scenario, same with the dialogues. The whole prefab and stylish reality like in other previous works will have to be left out to actually focus more on daily*

Fellini Martin Scorsese e Isabella
Rossellini sul set de La città delle
donne - 1976

Fellini Martin Scorsese and Isabella
Rossellini on the set of La città delle donne
1976

ma di personaggio, soprattutto nel *Satyricon*, ma troviamo un accenno anche nel *Poema a fumetti* di Dino Buzzati. Milo Manara realizza un grande lavoro artistico con *Viaggio a Tulum*, disegnato con tratto solare e gioioso, a lui congeniale. *Il viaggio di G. Mastorna* è disegnato usando le mezze tinte per rispecchiare le inquietudini soffuse nella storia. Federico Fellini afferma: "Voglio fare un film in grigio, scarno e disadorno come i dialoghi dei personaggi, lasciando da parte la realtà prefabbricata e stilizzata dei film precedenti per concentrarsi sulle cose quotidiane, quasi banali, ma pervase da una luce inquietante". Milo Manara si adegua e disegna Mastorna sulle fattezze di Paolo Villaggio, come indicato dal regista, che finalmente ha deciso il protagonista del suo film più discusso e mai realizzato.

things, even trivial at times, but with an unsettling light all around." Milo Manara managed to adjust to this view and shaped Mastorna's figure with the likes of Paolo Villaggio, the actor finally picked up by the director for such a controversial and unfortunately undone movie.

formano una cronologia dei lavori compiuti per parlare di Intervista (1987), un documentario ricco di elementi narrativi che prende spunto da

un'intervista a Fellini realizzata da una troupe della televisione giapponese.

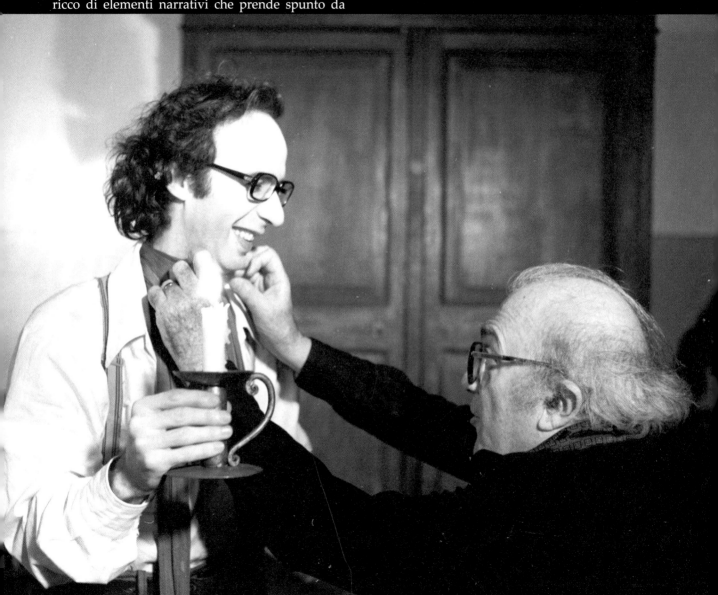

Il lavoro inizia come special televisivo sull'ipotetica lavorazione di un film tratto dal romanzo *Amerika* di Kafka, ma cresce tra le mani del suo creatore, fino a diventare uno fra i più apprezzati lavori dell'ultimo Fellini. Lieve e ironico, ripercorre i ricordi di cinquant'anni di cinema, dal timido arrivo a Cinecittà alla *Dolce vita*, rivissuta con nostalgia insieme a Mastroianni, a casa di Anita Ekberg. Tra gli interpreti citiamo Sergio Rubini, Antonella Ponziani, Maurizio Mein, Paola Liguori, Lara Wendel, Marcello Mastroianni, Anita Ekberg, Antonio Cantafora e Francesca Reggiani.

Il film svela alcuni trucchi tecnici e racconta la professione del regista attraverso le parole dell'assistente Maurizio Mein, che imbraccia fischietto e megafono, ha scelto di fare il secondo per tutta la vita, ma è soddisfatto perché è il braccio destro di Fellini. Cinecittà viene inquadrata dall'alto, come se fosse un sogno del regista, che vede la sua cittadella del cinema *come un fortino, come un alibi*. Tutti i film di Fellini sono stati girati a Cinecittà, anche se adesso è accerchiata dai palazzoni e non è facile per Nadia - la custode della cineteca - trovare la cicoria in mezzo alle erbacce. "La cicoria ha un gusto un po' amaro, ma è un amaro simpatico, pure i romani sembra che ti respingano e invece ti vogliono bene", fa

The last films

Let's go back to the chronological order of his works to talk about Intervista *(Fellini's Intervista - 1987), a thick documentary fraught with elements taken from an interview Fellini did for the Japanese television.*

It begins with a special segment on the hypothetical film in the works based upon Kafka's novel Amerika, *to then thrive in the hands of its creator to such a level to inevitably become one of the most appreciated late pieces of Fellini's art. Light and ironic, he looks back on the past fifty years of cinema, from his subdued arrival at Cinecittà to* Dolce vita, *relived in a nostalgic mood along with his friend Mastroianni, while at Anita Ekberg's place. Among the many cited, also featured: Sergio Rubini, Antonella Ponziani, Maurizio Mein, Paola Liguori, Lara Wendel, Marcello Mastroianni, Anita Ekberg, Antonio Cantafora and Francesca Reggiani.*

Some technical tricks are revealed through the words of his assistant director Maurizio Mein, the guy who had chosen to embrace whistle and bullhorn for life, a second spot maybe, yet he felt so proud and happy to be Fellini's faithful right-hand man. Like in a dream, Cinecittà is portrayed from the sky above all the way down like a fortress, like an alibi. That's where all his movies had been filmed, although huge buildings surround the area now and Nadia, the woman at the film library concierge, is no longer walking around to spot out and pick up chicory in the bushes. "Chicory tastes a bit bitter, but in a good way, just like the Romans are. It may look like they are pushing you

dire il regista al suo personaggio.

Sergio Rubini interpreta Fellini giornalista ventenne che arriva a Roma nel 1940 dalla provincia romagnola e questo episodio prende buona parte del primo tempo. Fellini mostra il suo metodo di lavoro, ricostruisce in studio il vecchio tram, *la casa del passeggero* con la fermata, inserisce una serie di attori e parte per il viaggio alla scoperta di Cinecittà. Il breve episodio ha il sapore della favola fantastica, tra gerarchi fascisti che salutano contadinelle festose, indiani, cascate, sorrisi di ragazze, addirittura elefanti che indicano il cammino. Fellini mitizza la scoperta di Cinecittà, avvolgendola in una dimensione onirica, tipica dei lavori migliori. "Una ragazzina bionda che mi sorrideva e pensare che di lei non ho saputo più nulla…", dice. Cinecittà è la fabbrica dei sogni, la finzione fatta di scenografie fantastiche, ma anche di pause pranzo, imbianchini volgari che si offendono in romanesco, produttori tirchi e registi incazzosi. Il giovane Fellini - Rubini intervista la diva mentre scorrono le note del *Valzer delle Capinere* e lui è sempre più impacciato.

Il regista fa capire che cattura in mezzo alla gente le strane facce dei suoi film, nella metropolitana, a bordo del tram, nella vita di tutti i giorni. Vediamo i provini, il casting, le selezioni per scegliere i volti più adatti e infine fa la sua comparsa Marcello Mastroianni vestito da Mandrake. La pellicola procede affrontando il vizio del fumo del grande attore che non ne vuole sapere di smettere. Si fa anche un po' di filosofia sulla masturbazione e infine Fellini porta il suo attore - alter ego a casa di Anita Ekberg. Mandrake compie una magia e all'improvviso torna

back, instead it's their way to show love", this is what the director wanted his character to say.

Sergio Rubini plays the role of young journalist Fellini in his twenties who has just arrived in Rome from the Romagna province (central-northern Italy) in 1940, and this pretty much takes the first half of the movie. Fellini here shows his work method, and builds up a prop street car, the house of the passenger *and a bus stop crowded with a series of actors that will take a special trip around Cinecittà. The short episode resembles a fairy tale, among fascist officials waving at festive peasant girls, Indians, waterfalls, girls' smiles, even elephants showing which way to go. Fellini emphasizes the myth of Cinecittà by wrapping it up in a sort of oneiric dimension, typical of his best efforts. "A young blond gal was smiling at me, and God only knows whatever happened to her…", he says.*

Cinecittà is the house of dreams, of fiction and fantasy, but also made of lunch breaks, local carpenters lashing out at one another, stingy producers and easy-to-get-pissed directors. The young Fellini/Rubini is doing an interview with the diva while the notes of Valzer delle Capinere *can be heard in the background, as he feels more and more awkward.*

The director here wants to capture everyday people's weird faces, while in the metro, on the trams or else. Auditions, screen tests, castings are shown and at some point, even Marcello Mastroianni pops up garbed as Mandrake. The camera keeps rolling as the great actor talks about his unwillingness to quit smoking. A bit of masturbation philosophy gets in the mix and finally Fellini takes his alter ego-actor to Anita Ekberg's house. With a touch of magic Mandrake suddenly brings back on an imaginary screen the pro-

Ricostruzione di calle
veneziane in Casanova
1976

Venetian "calle" (alley) replica,
Il Casanova
1976

il passato, su uno schermo fantastico si rivede *La dolce vita*, lui e la Ekberg ballano, fanno il bagno nella Fontana di Trevi, si guardano e rimpiangono tempi che non possono tornare.

La macchina da presa punta ancora su Cinecittà dove continuano i provini per scegliere le parti di Karl e Brunelda, i due protagonisti di *Amerika*, uno dei tanti film incompiuti di Fellini. La pellicola termina sotto un violento acquazzone che interrompe le riprese, fanno appena in tempo a spuntare dai tetti le antenne della televisione e ad arrivare gli indiani. Fellini non poteva usare metafora migliore per proseguire la sua polemica contro la televisione che fagocita tutto e non lascia spazio agli altri mezzi di espressione. La televisione va alla conquista del cinema e vince, anche se la troupe grida: "Non ci riuscirete!".

La finzione è finita, si smonta la scena, la voce di Fellini conclude che i produttori lo hanno sempre rimproverato di lasciare lo spettatore senza un filo di speranza. "Dammi almeno un raggio di sole", disse una volta un produttore. "Non so. Proviamo", è la sua risposta finale.

La pellicola pecca di narcisismo e di autocompiacimento, ma sono difetti che si perdonano a un artista geniale. Gianfranco Angelucci collabora a scrittura e sceneggiatura, strutturata come una serie di appunti sul mondo dello spettacolo e su ciò che cambia giorno dopo giorno. Resta un lavoro frammentario, incapace di fondere passato e presente, ma interessante per lo spettatore curioso di aneddoti e bozzetti d'epoca. Le musiche sono di Nicola Piovani, che non manca di rendere omaggio a Nino Rota, scomparso nel 1979.

Federico Fellini si batte con forza durante gli ul-

jection of La dolce vita, *where he's dancing in the Trevi fountain with the lovely Ekberg, then they stare at each other with nostalgia, reminiscing that wonderful past that has to be left behind.*

The camera switches back to Cinecittà where they are still auditioning to find the right Karl and Brunelda, the two main characters of Amerika, *another unaccomplished Fellini's movie. As the film winds down, the final scene pictures a violent thunderstorm that stops the shooting, while suddenly tv antennas crop up on the roofs and Indians come out of nowhere. Fellini couldn't use a better metaphor to spice up his personal battle against television and its voracious attitude that tends to leave no room to other means of expressions. Tv is constantly eroding more and more space to cinema, despite the crew screaming: "It will never happen!".*

Fiction is over, workers break the set down, and Fellini's voice can be heard as he's talking about those concerned producers who keep nagging over that pessimism the viewer is exposed to. "Give it at least a ray of light", once some producer prodded. "Don't know. Let's try", was the maestro's final statement.

The movie's major flaw is the overwhelmingly narcissistic and self-righteous attitude, but that's something a genius like him can be forgiven for. Gianfranco Angelucci worked on both the scriptwriting and screenplay laying down a rough structure made of outlines and notes on the entertainment world and its ever changing shape. Despite the entire work is somehow sketchy, incapable to blend past and present, it still is of great interest to the curious viewer hungry for anectdotes and peculiar vintage footage. The soundtrack is by Nicola Piovani, who also pays

timi anni della sua vita per impedire che venga confermato per legge il diritto da parte delle reti televisive di interrompere i film con spot pubblicitari. La sua sconfitta è un segno dei tempi, ma il regista si vendica con *La voce della luna*, dove critica lo strapotere televisivo, annunciatore di un nuovo Medio Evo.

Siamo nel 1990 e il regista ha settant'anni: "Mi sembra di averli avuti sempre, settant'anni. Ho la sensazione di essere sempre e da sempre in compagnia di me stesso, d'essere venuto al mondo a ventidue, ventitré anni, e che da allora non mi sia più successo niente. Da quando sono entrato in un teatro di posa non ne sono mai uscito, un anno è scivolato nell'altro inavvertibilmente come in un lunghissimo film che continua. Il tempo, per me, non può essere se non eterno, immobile: faccio adesso le stese cose di quindici, venti, trent'anni fa". Fellini non pensa al passato come a un altro tempo: "Non mi sembra di aver avuto una vita scandita da emozioni diverse, ma d'aver vissuto sempre lo stesso interminabile giorno: tutto è fermo in un fotogramma che mostra un capannone buio, un centro illuminato con innumerevoli sagome mobili, un mare di luce sulla mia testa, e io che lavoro in questa folla, precaria ma immutabile. Di me, della mia vita, non ricordo niente. Sarà per il mio modo di gestire l'esistenza: del tutto provvisorio, contumace, in presenza - assenza. La memoria è quella che ho inventato, il resto è frammento, coriandoli. Non ho un vero ricordo. Non so su quale pellicola della mia macchina mnemonica potrebbe andare a incidersi: quanto ho immaginato nei film è più forte di quanto potrei ricordare. Ho la sen-

homage to the late Nino Rota, who died in 1979.
Federico Fellini took upon himself as a personal battle the strife against the upcoming law allowing commercial breaks during movie broadcasts on tv. His defeat was a sign of the times, but he then wanted to project his revenge into La voce della luna, *where the power of television is harshly criticized as the forthcoming new Middle Age.*

It's 1990 and the director is now seventy: "It seems to me I've always been seventy. I got the feeling I've always been in company with myself only, to have been born when I was twenty-two or twenty-three, and that nothing really happened ever since. I got myself into theatre and I've never really gone anywhere else, year after year like in an endless movie. Time can only stand still for me, kind of eternal: I'm basically doing the same things as fifteen, twenty or thirty years ago". Fellini does not look at the past as something back in time: "It never occured to me to have lived different stages of emotions, it's just the same endless day to me: it all stopped in a frame showing a dark shed, countless mobile figures gathering under the light in the center, a sea of light over my head and myself working in such a crowded place, unstable yet immutable. About myself or my life, I don't remember anything. It must be my way of coping with existence: temporary, by default, an absent presence.
Memories are just what I have invented, everything else is just a fragment, like confetti. I really do not have memory. I can't actually figure out which piece of tape in my mnemonic machine might be recorded: whatever stories my immagination has made up to be used in my movies are much stronger than any other memories . I feel like I don't belong here, never

Fellini, Giulietta Masina e Marcello
Mastroianni in partenza per New
York - 1963

*Fellini, Giulietta Masina and Marcello
Mastroianni leaving for New York
1963*

sazione di non esserci, di non esserci mai stato, d'aver sempre latitato dalla mia stessa vita". Fellini confessa che a settant'anni soffre molto per i tempi lunghi che servono per progettare un film, tra pranzi, appuntamenti, avvocati, telefonate, dirigenti che cambiano, elezioni che modificano orizzonti… In definitiva si perde più tempo a decidere di fare un film che a farlo. Fellini avverte che il cinema è in decadenza sociale, perché la gente non sente più il bisogno di certi film e un autore non comprende più a quale pubblico si rivolge e - soprattutto - se esiste ancora un pubblico. Da queste considerazioni nasce la guerra di Fellini al mezzo televisivo, la sua lotta anti-spot, per difendere una cultura cinematografica importante.

La voce della luna (1990) è il film manifesto della polemica nei confronti della televisione, una pellicola geniale e bizzarra interpretata da Roberto Benigni e Paolo Villaggio. Benigni è un personaggio a metà strada tra Pinocchio e Leopardi, un poeta ingenuo e romantico che vaga per la campagna padana, insegue sogni d'amore e sente da sempre la voce della luna. "Se tutti facessimo un po' di silenzio forse qualcosa potremmo capire", dice nell'ultima sequenza del film, dopo aver parlato con la luna. Villaggio è l'ex prefetto Gonnella, un paranoico compagno di viaggio che con un'espressione stralunata rappresenta la follia. Villaggio si difende dai suoi simili, non accetta di invecchiare, rifiuta le occupazioni comuni e vede nemici ovunque.

La storia si ispira al *Poema dei lunatici* di Ermanno Cavazzoni ed è ambientata in una scenografia onirica ricostruita in studio che trasporta l'azione

have and never will, like I've been on the run from my own life." Fellini admits that at the age of seventy it takes a much longer time to work on a film, between lunch breaks, meetings, lawyers, phone calls, ever changing executives, political elections that shed different perspectives … Basically it's more time consuming the planning of a movie than actually shooting it. In Fellini's opinion, the whole industry is on a constant social decline: people don't need certain types of movies and the writers don't know what kind of viewer to target anymore -or better- if there's still an audience outthere. This is the background against which Fellini's resentment over the crushing power of commercial television thrives; he stands to defend the importance of cultured cinema.

La voce della luna *(1990) is his manifesto of such beliefs, an ingeniuos and bizzarre film, interpreted by Roberto Benigni and Paolo Villaggio. Benigni is an actor between Pinocchio and Leopardi (Italian poet), as naive as romantic he wanders the Po valley chasing his dreams of love and following the voice of the moon. "If we all were able to shut up for a while, we could have a better understanding", he says in the film's last sequence after having talked to the moon. Villaggio here plays the role of ex-officer Gonnella, a paranoid travel companion with a spaced-out and quirky expression not far from real madness. Villaggio is defending himself from his own peers, does not accept aging, refuses trifling common jobs and sees his enemies everywhere.*

The story is inspired by Ermanno Cavazzoni's Poema dei lunatici *staged in a kind of oneiric studio set like in some unworldly drift.* La voce della luna *represents the eulogy to madness and a satirical picture of*

fuori dal tempo. *La voce della luna* è un elogio della follia e una satira della civiltà contemporanea, ormai berlusconizzata. Fellini sceneggia il film insieme a Cavazzoni e Tonino Guerra, che lo costruiscono attorno a parti poetiche e divagazioni surreali. L'attacco è molto lirico, si susseguono diverse parti oniriche che vedono protagonista Benigni e i ricordi d'infanzia. Vediamo un gruppo di uomini intenti a spiare una donna formosa, vero mito felliniano, spiegato con la storia della via Lattea formata dai bianchi schizzi usciti dai seni enormi di Giunone. "Non ascoltare la voce dei pozzi", è il refrain che sente il poeta sognatore, da sempre condizionato dalle parole della luna. Il film è frammentario, ma alcuni episodi sono ben riusciti, come il racconto del vecchio professore impazzito perché la musica si è messa a evocare fantasmi.

Una scena di grande cinema è quella con il padreterno che va in carrozza, mentre Benigni ricorda la nonna e sussurra: "Come mi piace ricordare. Più che vivere. Del resto che differenza fa?". Benigni è un poeta innamorato e non corrisposto, recita *Alla luna* di Leopardi a una ragazza *bella come la luna*, ma lei non lo considera, preferisce un avventore alla sagra dello gnocco. Benigni si vendica, mentre il regista cita la *pochade* e le comiche del muto con una sequenza che vede gli gnocchi finire in testa al malcapitato. È degna di menzione una scena di rilevanza simbolica con i giovani che gridano in discoteca ma ammutoliscono davanti al valzer di Gonnella e della duchessa. Non è da meno la sequenza fantastica di Marisa, moglie insaziabile che si trasforma in una locomotiva. La cattura della luna

our modern society and its shiny veneer of plastic. Fellini writes this movie together with Cavazzoni and Tonino Guerra, who provide poetic parts and surreal degressions. The deeply epic start is ensued by a variety of oneiric parts performed by Benigni soaring through his childhood memories. Here we see a group of men peeping at a voluptuous woman, one typically Fellinian myth, based upon the story of the Milky Way created by white milk drops squirted from Juno's large breasts. "Never listen to the voice from the wells", it's what the dreamer poet always hears under the influence of the moon's words. Somehow fragmentary, nonetheless some episodes are very well thought out, like the story of an old professor gone mad since music had started to evoke haunting ghosts.

Great cinema is when the Heavenly Father is taking a carriage ride while Benigni remembers his grandma and whispers:"I love reminescing. More than life itself. After all, is there really a difference?".Benigni is a poet in love but not loved back, reciting Alla luna *(To the moon) by Leopardi to a girl as beautiful as the moon. Alas, she doesn't pay any attention to him at all and rather falls for an on-looker at the local gnocchi (dumpling) open air tasting festival. Benigni wants revenge, and here our director cites the* pochade *and old mute comedy films in a sequence that ends up with a plate of gnocchi dumped on the head of the unlucky rival wooer. It's also worth mentioning the symbolism behind the scene depicting loud youngsters on the dance floor suddenly hushed by the waltz steps of Gonnella and the duchess. Of no less appeal is the sequence portraying Marisa, the insatiable wife, turning into a locomotive. The catch of the moon in the well is an amazing oneiric part,*

nel pozzo è un'ottima parte onirica che fa da contrasto con la sagra dello gnocco, simbolo di un'Italia sempre più godereccia e rivolta al mercato. Il film è un contenitore di dubbi e domande che accennano alla politica contemporanea e alla religione. "Perché la Madonna appare sempre a dei pastorelli ignoranti e non a un uomo colto che potrebbe chiedere spiegazioni?", si chiede un personaggio. Vediamo un parroco che non è sicuro dell'esistenza di Dio, secondo lui ci sarebbero cinquanta possibilità su cento, ma non lo può dire perché deluderebbe i fedeli. Benigni - Pinocchio cerca il silenzio, la pace d'un tempo: "Mi sembra che tutta la mia vita sia questa notte…Vivere finalmente liberi. Liberi nel cuore. E invece vedo solo ingiustizie. Questo è progresso? Niente di fermo, di sicuro…". Le grandi domande, l'infanzia come un ricordo languido, la polemica religiosa e infine la luna che parla, ma si interrompe per un messaggio pubblicitario. Tutto termina con la ricerca dell'agognato silenzio, nello scenario surreale della finta campagna padana.

Tonino Delli Colli realizza un'ottima fotografia notturna, Dante Ferretti compone una scenografia fantastica e Maurizio Millenotti cura i costumi. *La voce della luna* è un film importante per capire l'Italia degli anni Ottanta, ma non viene premiato da pubblico e critica. L'ultimo film del regista riporta alle atmosfere oniriche di *Amarcord* e di *Otto e mezzo*, ma soprattutto mette in primo piano feroci critiche sull'Italia berlusconiana. Fellini torna con i pazzi nella campagna per ascoltare le sue voci, i suoi bisbigli, lontano dal clamore della città. Vediamo citazioni espli-

totally in contrast with the gnocchi festival , which now represents a more indulging side of Italy and its relentless fascination with the mass market. The film is fraught with doubts and enquiries over the contemporary approach to religion and politics." Why Virgin Mary appears only to clueless ignorant shepherd children and not to a man of culture who might ask for suitable explanations?", some character wonders. A parish isn't that sure about the existence of God, it's a fifty-fifty possibility, but that's definitely not an issue to bring up before his church goers, that'd be such a letdown. Benigni - Pinocchio is in a constant pursuit of silence, the old time peace: "My whole life seems to be here and tonight… Live free at last. Free in the heart. Instead, I only witness injustice. Do we call this progress? Nothing steady, nothing safe…". Big questions, childhood as a languid memory, the religious debate and finally the speaking moon, oddly interrupted by a commercial break. The ending is all based upon the earnest, heartfelt desire for silence in the surreal landscape of the Po Valley.

Tonino Delli Colli did such a great job with night time photography, Dante Ferretti was able to put together a stunning set design and Maurizio Millenotti took good care of all costumes. La voce della luna tells us a lot about Italy of the 80s, however it was far from being a blockbuster back then. It contained hints from both Amarcord *and* Otto e mezzo, *but what really oozed from it was the sheer hate toward the modern Italy of the Berlusconi era. Fellini goes back to his roots and lunatics from the countryside in search for his own voices and whispers, away from the loud glamour of the city. New symbols were built up on citations from* Otto e mezzo (*grandma's house in*

Fellini impartisce la scena a
Sutherland in Casanova
1973

Fellini showing Sutherland his part,
Il Casanova
1973

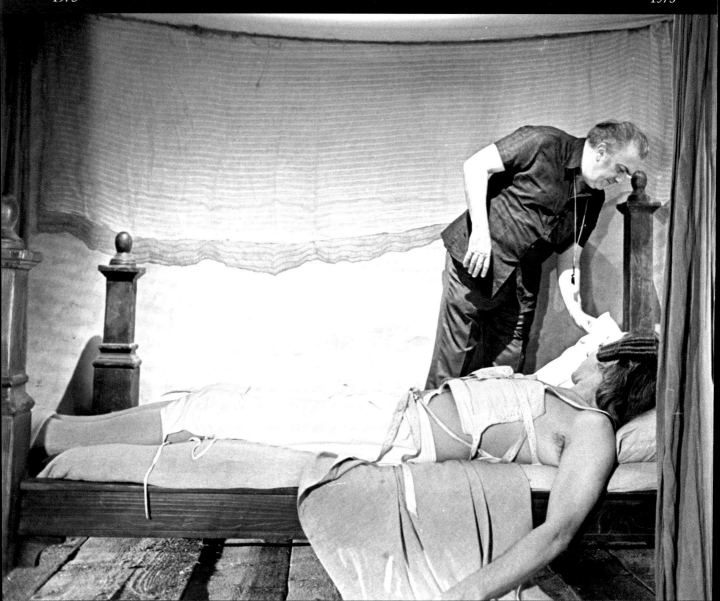

cite da *Otto e mezzo* (la casa della nonna a Gambettola) e da *Amarcord* (la passeggiata sul Corso, il matrimonio di Gradisca), pure se vengono caricati di nuovi simboli. Fellini esprime amarezza nei confronti di un mondo che non sa dare risposte a quesiti profondi, soprattutto cerca di nasconderli tra luci e frastuono. Fellini prova nostalgia per una cultura diversa, mai urlata, ma fatta di confidenze e di dubbi. I simboli che il regista inserisce a piene mani ne *Le voci della luna* dicono proprio questo: da un lato immagini sgradevoli della festa dello gnocco e di baracconi montati e smontati, dall'altro la poesia delle sequenze del cimitero, dei pozzi, della pioggia e della campagna di notte.

Federico Fellini afferma a proposito de *La voce della luna*: "Tenta di esprimere il malessere, la sconfitta della fine delle ideologie e dell'aridità del sentimento, segue i due protagonisti nel vagabondaggio lungo un itinerario assurdo, oscurato dalla frammentazione della realtà circostante". E sugli interpreti esprime soltanto elogi: "Benigni e Villaggio, questi due magnifici clown, non hanno mai avuto battute, La voce della luna non aveva sceneggiatura. Arrivavo al trucco con pezzetti di carta che avevo scarabocchiato la sera prima. Ho fatto un bel viaggio sottobraccio a Lucignolo e Pinocchio".

Fellini ricostruisce un paese con un'architettura surreale e improbabili accostamenti urbanistici (una chiesa accanto a una banca) per sottolineare la fine delle idee quando tutto serve da scusa per un *battage* televisivo. La cattura della luna produce soltanto uno stupido dibattito, comportamenti cafoni e domande inutili. Le antenne

Gambettola) and Amarcord *(the walk down the main street, and the Gradisca wedding). Fellini displays his deepest bitterness toward a shallow world that avoids the real answers of life and tries to sweep them under the carpet through excessive light and loudness. He's deeply missing that different culture made of intimacy as well as doubts, and never invasive. In* La voce della luna, *symbols tell us everything: the tawdry images of the gnocchi festival with its shaky tents and booths on one hand, and the poetry of the cemetery, the wells, the rain and the night over the coutryside on the other.*

Federico Fellini said about this film: "It's an attempt to express uneasiness, the anguish of defeat after the end of all ideologies along with the lack of feelings that follow the two wanderers throught their absurd itinerary obscured by the decomposing reality all around". About the two main actors: "Benigni and Villaggio, these amazing clowns, they had no punch lines, La voce della luna *had no script whatsoever. I'd show up in the make-up room with some scribbled scraps of paper from the night before. It's been a nice trip with Lucignolo and Pinocchio".*

Fellini recreates the surreal architecture of a town with unlikely urban details (the church beside the bank) to emphasize the end of ideas that television has brought over. The capture of the moon begets stupid arguments, coarse manners and useless questions.

Antennas rule over the town's once picturesque roofs, now turned into a tangle of image receivers "Television equals possession. There's no exorcist able to free us all from millions of toxic images", is the director's final verdict. Italy is now a place where you can't isolate yourself from the outside and enjoy the

Partenza per Milano con il cast di 8 ½
1963

Going to Milan for 8 ½ premiere
1963

dominano la città, i tetti perdono il loro aspetto romantico per diventare sede di innumerevoli recettori di immagini.

"La televisione è una possessione. Non esiste esorcista capace di allontanare l'invasione intossicante di milioni d'immagini", conclude il regista. L'Italia è diventata un paese dove è impossibile isolarsi e fare silenzio, regnano le frasi fatte, le pubblicità inutili, i rumori assordanti e le persone che parlano ma non dicono niente.

silence. It's now all about dull words, useless commercials, loud noises and people talking with nothing to say .

Oscar alla carriera e morte di un genio

Federico Fellini riceve il suo quinto Oscar pochi
mesi prima di morire, nella primavera del 1993, a
Los Angeles, dalle mani di Sofia Loren.

Questa volta è un Oscar alla carriera. Federico Fellini è un autore fondamentale e atipico del cinema italiano, sinonimo di regista geniale, simbolo di fantasia, leggerezza, umorismo, sentimentalismo, ironia graffiante e grande originalità.

Fellini si racconta durante una vecchia intervista televisiva.

"Faccio cinema perché a trent'anni ho scoperto che era il modo migliore per realizzare me stesso, quello che trovavo più congeniale, perché mi permetteva di seguire la mia natura. Creare immagini non è solo la mia professione è il mio modo per vivere. Sono contento di incontrare ostacoli e nemici che si frappongono tra me e ciò che voglio fare. Allontano il pericolo, metto amore e nostalgia nel pericolo. Tutto questo rende le cose più desiderabili. Le prime settimane sono le più difficili perché i miei fantasmi devono materializzarsi in immagini concrete. All'inizio non è tutto chiaro, ma sono i rituali che permettono ai miei fantasmi di prendere vita".

Fellini dirige gli attori con delicatezza e professionalità, è un perfezionista, li guida sul set, mima le scene che devono interpretare, spiega sequenza dopo sequenza, senza dire mai il motivo, perché quello lo sa soltanto lui. Pretende molto dagli attori, è inflessibile ma dolce, si scusa quando gli scappa un'espressione forte, fa rifare

Lifetime achievement: his 5th Oscar
Death of a genius.

Shortly before his death in 1993, Federico Fellini was awarded a special lifetime achievement prize in Los Angeles. His fifth Oscar, was handed by Sofia Loren.
A fundamental and atypical author, a genius, a symbol of fantasy, lightness, humor, feeling, emotions, scathing irony and stunning originality.
On an old Tv interview, he said about himself: "I've been in cinema because at the age of thirty, I finally found out that this was my only way to fulfill my expectations and follow my nature. Create images not only is my profession but it's also my way of life. I'm thrilled by challenges and foes. I keep trouble away, and put love and melancholy in trouble. This makes it all more desirable. The first weeks are tougher since I need to materialize my ghosts into real images. At first it's not all so clear to me, but ghosts become alive thanks to rituals".
Fellini is a perfectionist guiding his actors around the set with extreme delicacy and prowess mimicking each scene and sequence without giving explanations. He is demanding, stern yet sweet, ready to apologize whenever using a stronger language; the first take hardly is good enough anyway. His actors always describe him like: "his mind is on a constant trip, soaring over the hills, the sea, it's all just an illusion… very demanding, helping a lot while explaining the performance, but not a word about his characters or the meaning behind them…he lives in his own world, the one he thinks it's of interest, not the real world though… "

le scene quando non è soddisfatto, difficilmente il primo ciack è quello buono. I suoi attori dicono che è "un tipo con la mente sempre in viaggio, vola sulle colline, sul mare, è tutto un'illusione… uno che pretende, che ti aiuta, spiega l'azione ma non spiega i personaggi e i significati… un uomo che vive in un mondo tutto suo, soltanto quello gli interessa, non il mondo reale…".

Ancora Fellini racconta se stesso: "Mano a mano che divento più vecchio sono sempre più disposto a fare le cose seguendo le mie sensazioni. Per me è molto importante fare. I film non fatti e i libri non scritti non esistono. Esiste solo quello che si realizza. Se un giorno sto senza girare sento di aver perso tempo. Un artista sprofondato nella sua creatività è al sicuro, non gli può capitare niente di male. Il lavoro mi fa partecipe al mondo, mi obbliga a un rapporto umano con la gente, mi permette di esprimere me stesso. Film dopo film mi rapporto con l'esteriorità. Fare cinema è un modo salutare per vivere, quando mi realizzo attraverso il lavoro sto meglio fisicamente. Non dimentico mai che il mio mondo fantastico è pericoloso come il mondo reale. La verità è che non ho mai voluto dimostrare un bel niente. Non ho messaggi da inviare all'umanità. Il cinema è un giocattolo meraviglioso, un fantastico passatempo".

Il 3 agosto 1993, Fellini viene colto da un ictus per un improvviso rialzo della pressione in una stanza del Grand Hotel di Rimini, mitizzato in *Amarcord* e simbolo del suo immaginario autobiografico. I medici lo tengono sotto controllo, praticano una TAC, lo mettono sotto stretta sorveglianza e alla fine lo trasferiscono in medicina

Still Fellini about himself: "The more I age, the more I need to follow my sensibility. It's important to do things. I mean, undone films and unwritten books do not exist. What you realize, does exist. One day without filming and I feel like I'm wasting my time. An artist completely dipped into his creativity is in a safe place, nothing bad can happen. I'm part of the world when I'm working, it makes me interact with other human beings, this way I can express myself then. Making movies is healthy, I feel a lot better when I do my job. I never forget the fact that my world of fantasy can be as dangerous as the real one. The truth is I have never wanted to prove anything. I have no messages to send. Cinema is such a wonderful toy, an amazing pastime".

On August 3rd 1993, Fellini has a stroke right after a sudden high pressure peak during his stay at Rimini's Grand Hotel, the legendary site in Amarcord and symbol of his imaginary autobiography. He's under constant medical check, a CAT scan seems to clarify there's no life threatening problems as he had already survived another stroke in 1985 and also fully recovered to then succefully undergo heart surgery.

Death instead, came just a few months later, on the eve of his fiftieth wedding anniversary, and the whole Country mourned the loss of a genius. The mortuary chapel is laid out inside stage 5 of Cinecittà, his favorite location when shooting. The eulogy read by famous Italian journalist Sergio Zavoli, takes place in Rimini, while an agonizing Giulietta Masina stays at home, unable to read any newspapers or else. Mario Longardi, Fellini's press agent tells her how much appreciation and love people are showing. The casket is carried by close friends as the funeral cortege leaves from the church of Santa Maria degli Angeli directed

generale. Non sembrano esserci problemi di so-pravvivenza perché Fellini aveva già avuto un ictus nel 1985, si era ripreso bene e successiva-mente aveva subito un intervento al cuore.

La morte, invece, giunge pochi mesi dopo, al Po-liclinico Gemelli, alla vigilia dei festeggiamenti per i cinquant'anni delle nozze, e tutta Italia de-creta un tributo a un grande genio scomparso. La camera ardente viene allestita nel teatro 5 di Ci-necittà, *location* preferita di tutti i suoi film. L'ad-dio al regista si tiene a Rimini, nella Sala delle Colonne dell'ex Teatro Comunale di piazza Ca-vour, con un'orazione funebre di Sergio Zavoli, mentre Giulietta Masina si trova nella casa di via Margutta, distrutta dal dolore, conserva i ritagli di stampa, ma non riesce a leggere niente. Mario Longardi, *press agent* di Fellini, le racconta quello che dice la gente, le impressioni del pubblico che ha perso un importante punto di riferimento. Il corteo funebre parte dalla basilica di Santa Ma-ria degli Angeli e procede con la bara portata a spalle da alcuni amici fino al cinema Fulgor. Ser-gio Zavoli legge l'orazione funebre sulla piazza davanti alla sala, un luogo che Fellini ha amato nella sua adolescenza. Il cimitero di Rimini ac-coglie la salma di un grande compaesano che ha avuto un rapporto di amore - odio con la città adriatica. Giulietta Masina, compagna di una vita familiare e artistica, si spegnerà pochi mesi dopo, il 23 marzo 1994.

Federico Fellini era un uomo straordinario e al tempo stesso modesto. A un amico che gli diceva che Enzo Biagi aveva chiesto per lui la nomina di senatore a vita, rispose: "Avrebbe fatto piace-re a mia madre, perché avrei avuto finalmente

to the square in front of the Fulgor theater, a place Fellini had loved during his teen years. His love/hate relationship with Rimini now ends in its cemetery. Giulietta Masina, the love of a lifetime, will die a few months later, on March 23rd, 1994.

Federico Fellini was an extraordinary and humble man at the same time. When told by a friend that journalist Enzo Biagi would find him eligible to be an honorary member of the senate, he had to say: "That could have made my mother happy, simply because I would get a steady wage". In his opinion, being a director was a matter of craftsmanship, the art of recounting experiences: "When you are sincere and humble about the facts of life, without sending any message of sorts or trying to teach anything, then you're in the right place to deal with issues that ev-erybody is able to understand and relate to". He did not go easy on the world of cinema: "Italian cinema is guilty of being too Italian, imbued with inadequacy and sloppiness, not a real industry, more like a trade, a murky traffic made of people who want to get rich". Bitterness was part of Fellini's last years, due to the lack of investors for projects he had still sitting on his desk (deemed too expensive and not financially rewarding).

What he left us with is certainly enough to deeply miss such an unrivaled maestro.

Fellini's art is an amusement park, a circus made of tightrope walkers, jogglers and clowns above all, in mixture of dreams and childhood memories. Many have shared his magic, among them it's worth men-tioning Nino Rota, Tonino Guerra, Ennio Flaiano, Tullio Pinelli, Brunello Rondi, Nicola Piovani, set designer Dante Ferretti and photographer Giuseppe Rotunno.

uno stipendio tutti i mesi". Per lui la professione di regista era artigianato puro, racconto delle esperienze di vita: "Quando uno parla in maniera sincera delle cose della vita, lo fa con umiltà, senza mandare messaggi e non pretende di insegnare niente, allora affronta argomenti che tutti comprendono e sentono vicini". Non era tenero verso il mondo del cinema: "Le colpe del cinema italiano è di essere all'italiana, pervaso di approssimazione e pressapochismo, di non essere mai stato davvero un'industria, ma un commercio, un traffico furbastro di gente che voleva solo arricchirsi".

Negli ultimi anni della sua vita Fellini è amareggiato per la difficoltà di trovare finanziatori per i suoi progetti (molto costosi e poco premiati dagli incassi) ancora nel cassetto. Quello che resta è abbastanza per far rimpiangere un maestro del cinema, un fantastico narratore di storie per immagini che in Italia non ha avuto uguali.

Il cinema di Fellini è un luna-park, un circo fatto di equilibristi, giocolieri e soprattutto clown, un mondo trasfigurato dai sogni e dai ricordi d'infanzia. La magia della sua opera va condivisa con molti collaboratori, ma tra tutti dobbiamo citare Nino Rota, Tonino Guerra, Ennio Flaiano, Tullio Pinelli, Brunello Rondi, Nicola Piovani, lo scenografo Dante Ferretti e il fotografo Giuseppe Rotunno.

Nel 1995 è stata creata la Fondazione Federico Fellini (www.federicofellini.it), per volontà di Maddalena, sorella del regista e del Comune di Rimini. Presidente della Fondazione è il regista Pupi Avati. Direttore della fondazione è Vittorio Boarini, che proviene dalla Cineteca di Bologna.

In 1995 the Federico Fellini Foundation (www. federicofellini.it) was created by his sister Maddalena and Rimini's town council with director Pupi Avati as president, Vittorio Boarini as director, coming from Bologna film library. In the board also Vincenzo Mollica, Mario Sesti and Sergio Zavoli. The main goal is to celebrate the maestro's incredible legacy through his body of work to be made available in a library containing all his writings, pictures, archives, posters, drawings. A permanent exhibition is in the plans, located in a museum area displaying his awards, his private library, videos, costumes, and sets. A precious relic is Libro dei Sogni (The book of dreams), *basically a compendium of all his oneiric production with his personal texts and drawings. Collect and restore all Fellini's films is also among the tasks.*

This is what Fellini had to say on December 25th, 1985 while talking about himself with critic Tullio Kezich who then fully reported the conversation in his maestro's biography (Rizzoli 1988): "Many keep saying I'm a liar. They are too; the biggest lies I've ever heard about me come from these people. I could belie everything, and I even tried. Unfortunately, being a liar gives me no credits. All I can say is what everybody does: they add more bullshit on top of the bullshitter's bullshit. They keep on telling things that never happened, and if I come to denying them, it's like I'm preempting the meaning of their lives... Anyway, I don't think I had such an existence worth being recounted. I was born, I moved to Rome, I entered Cinecittà. That's it. My movies are completely made up: there's no reality in them. Like I said over and over again, the Rimini I love is the one I rebuilt on the set, that's real to me. After all, if you want to be a witness of the truth, whenever you start with I ,

Tra i componenti del comitato scientifico ci sono Vincenzo Mollica, Mario Sesti e Sergio Zavoli. La Fondazione si propone di creare iniziative per celebrare l'opera del Maestro e di costituire un vero e proprio centro studi felliniano. Tra i compiti principali troviamo la costituzione di una biblioteca che comprenda tutti i testi riguardanti Fellini, l'archivio delle carte, delle foto, dei manifesti e dei disegni. Il centro dispone di un museo come sede di mostre che in futuro diventerà esposizione permanente dei disegni originali di Fellini, dei premi, della sua biblioteca, dei video, dei costumi e delle scenografie dei film. Un prezioso reperto acquisito dalla Fondazione è il così detto Libro dei Sogni, che contiene la documentazione della produzione onirica di Fellini da lui stesso illustrata con testi e disegni. La Fondazione Fellini si propone anche di raccogliere tutte le pellicole dei film del regista, che saranno conservate e restaurate.

Concludiamo con una dichiarazione che Federico Fellini ha reso a Tullio Kezich il 25 dicembre 1985, riportata dal noto critico in apertura della sua pregevole biografia edita da Rizzoli nel 1988.

"Molti dicono che sono un bugiardo e lo ripetono continuamente. Ma anche gli altri dicono bugie; e le più grandi bugie su di me le ho sempre sentite dagli altri. Potrei smentirli, ho anche tentato. Purtroppo, essendo un bugiardo, nessuno mi crede. Ti assicuro che fanno tutti così: alla fregnaccia del fregnacciaro aggiungono un'altra fregnaccia. Si ostinano a raccontare cose che non sono mai accadute; e se mi scappa di dire *non è vero*, sembra che tolgo un puntello alla loro

then it's biased already . The word I should be banned from the truth, but we can't help it. That also applies to I wasn't there which is the permanent condition I see myself into. 99% of the time I wasn't there so I can't really tell anything. Always somewhere else, like perpetually on the lam from my birth up to now. How can you tell the story of someone that doesn't exist? I don't want to let you down, but a biographer working on my life's story is chasing a ghost".

It's not easy to separate truth from false here. However, this is surely not supposed to be Fellini's full-blown biography but just an introduction to his genius. It's undeniable that a slew of masterpieces cannot be simply disregarded as ghosts; it's rather an all-encompassing picture of our contemporary society.

vita… In ogni modo non mi pare di aver avuto un'esistenza raccontabile. Sono nato, sono venuto a Roma, mi sono sposato e sono entrato a Cinecittà. Non c'è altro. I miei film sono completamente inventati, dalla prima all'ultima scena: non discendono dalla realtà. La Rimini alla quale sono affezionato, l'ho ripetuto fino alla nausea, è quella che ho ricostruito in studio, l'unica vera. Del resto, se si vuole testimoniare la verità, dire *io* è già un punto di vista sbagliato. Per dire una cosa vera bisognerebbe togliere *io*; e invece non si può farne a meno. Anche per dire *io non c'ero*. Che è la mia condizione perpetua, quella in cui mi riconosco totalmente. Io non posso testimoniare su niente perché almeno il 99 per cento delle volte non c'ero, ero altrove. Sono sempre stato latitante, dalla nascita ai giorni nostri. E come si fa a raccontare la storia di uno che non c'è? Non vorrei scoraggiarti, ma un biografo che lavora sulla mia vita corre dietro a un fantasma".

Non è facile dire quanto sia sincera questa dichiarazione. In ogni caso il nostro lavoro non è un'approfondita biografia ma un testo sintetico per introdurre alla conoscenza dell'opera di un genio cinematografico. La sola certezza che abbiamo è che i capolavori di Federico Fellini non sono fantasmi, ma narrazioni intrise di nostalgia e ricordi che raccontano la società contemporanea.

Lo so, lo so, lo so.
Che un uomo a cinquant'anni
ha sempre le mani pulite
e io me le lavo due o tre volte al giorno.

Ma è soltanto se mi vedo le mani sporche
che io mi ricordo
di quando ero ragazzo.

Tonino Guerra – Io mi ricordo

Pier Paolo Pasolini scrive che la poetica di Fellini si avvicina molto alla poetica del *Fanciullino* di Giovanni Pascoli. Non ha tutti i torti. Fellini non ha figli come il suo grande conterraneo, si sente fanciullino e mantiene le difese dalla società, si ritira in perpetuo dal mondo degli adulti, resta incontaminato dal potere del denaro, è un monello furbo, bugiardo, dispettoso.

Fellini è un uomo dalla personalità contrastante, ha un fisico massiccio ma sa essere dolce, furibondo quando si adira, infantile nei modi ma vecchio nel pensiero, alto come una montagna ma capace di farsi piccolo. I suoi occhi sono intelligenti e tristi, conservano nello sguardo un fondo di malinconia che indaga la vita degli altri con la curiosità intellettuale tipica del grande artista. Non è mai la stessa persona, il suo comportamento si adegua all'interlocutore, per questo ognuno racconta il suo Fellini e tutti questi ricordi umani possono essere veri ma contrastanti. Non è facile inquadrare il regista in un determinato tipo d'uomo, perché i geni non si lasciano catalogare.

Fellini in privato, soprattutto durante le cene con gli amici che anima in maniera brillante, non parla di argomenti tipici delle conversazioni tra uomini. Non si interessa di politica né di calcio, non sono argomenti che lo spingono a esprimere

Federico Fellini – His Public and Private Lives

I know, I know, I know
That a fifty-year old man
Always has clean hands
And I wash mine two or three times a day

But only when I see them dirty
Do I remember
When I was a boy

Tonino Guerra – Io mi ricordo (I remember)

Pier Paolo Pasolini *wrote that Fellini's poetic style was very similar to that found in Giovanni Pascoli's* Fanciullino. *There's some truth to that. Unlike his great colleague – also from the Romagna region – Fellini did not have children, and felt instead like a child himself. He screened himself off somewhat from society, drawing away from the adult world. He was an impish, crafty, lying rapscallion, unaffected by the corrupting power of money.*

Fellini was a man of contrasts: his stout frame belied his ability to be sweet and gentle, but he could also fly into a rage when so needed. His manners were childish but his way of thinking was that of an older individual. Tall as a mountain, but capable of making himself a lot smaller. His eyes were both intelligent and sorrowful. In them one could find a deep well of melancholy, and he would use them to explore the lives of others with a great artist's intellectual curiosity. He would constantly change personalities, adapting his behaviour in accordance with his

un'opinione. Preferisce parlare degli scherzi che si facevano a scuola, della vecchia Roma che ha conosciuto negli anni Quaranta, di vicende buffe con amici protagonisti, di tipi strani, di favole, di libri, di sogni, di donne e di notizie curiose.

Il Fellini privato può avere uno sguardo assorto, incuriosito, divertito, può essere solare, pensieroso, preoccupato. La fotografa Chiara Samugheo cerca di rendere le sue espressioni più intense durante il Fellini Estate 2007, nella mostra *Fellini Privat*, nel centro storico di Rimini, all'interno del Grand Hotel e sulla sua spiaggia. Sono oltre cento scatti in cui il regista è ritratto insieme ai familiari, ai collaboratori, mentre beve una tazza di caffè e nei gesti del quotidiano.

Il Fellini privato è ben raccontato anche dal suo sceneggiatore di fiducia, Bernardino Zapponi, che scrive un libro interessante (*Il mio Fellini* - Marsilio, 1995). Zapponi prende il posto di Flaiano come sceneggiatore, precede Tonino Guerra, collabora con il regista da *Toby Dammit* (1967) a *La città delle donne* (1979), passando per *Satyricon, Roma* e *Il Casanova*. Zapponi muore nel 2000, a settantatre anni, ma fa in tempo a raccontare la sua vita accanto al genio, elencando aneddoti gustosi, le caratteristiche di un regista attratto dalla dimensione funerea della vita e la base infantile del suo immaginario. Tra Zapponi e Fellini termina un sodalizio fruttuoso alla fine degli anni Settanta.

"Non era successo niente, fra noi, nessuno scontro; neppure la vicenda del copione tormentato aveva provocato diverbi: ma avvertii lo stesso un senso di concluso. Un mutamento in entrambi. Quando ci conoscemmo Federico aveva

interlocutors. For this reason everyone has their own different memories of Fellini, and even though all of these accounts contrast, they are all real. As is always the case with geniuses, it's not easy to pigeonhole the director into any one category of individual.

In private – especially during dinners in the company of friends – Fellini would brilliantly entertain his guests. However, he did not engage in typical conversations between men, such as politics or football. These subjects were not interesting enough for the director to express any sort of opinion. He preferred telling of school-day pranks, the old Rome as he saw it on his arrival in the 1940's, amusing anecdotes about fellow protagonists of the world of cinema, weird folk, fairy-tales, books, dreams, women, and curious news stories.

On his own, Fellini's expression would vary between being concentrated, engrossed, curious, amused, sunny, thoughtful, or worried. In the Fellini Estate 2007 (a summertime Fellini festival), the Fellini Privat *photographic exhibition took place in the Rimini city centre, in the Grand Hotel, and on the beach. The photographer Chiara Samugheo displayed a series of images with the director's most intense expressions. The exhibition featured more than one hundred shots of the director together with relatives, colleagues, drinking coffee, and going about his daily business.*

*Fellini's private life was also well-documented by his trusted scriptwriter, Bernardino Zapponi, in the interesting tome (*Il mio Fellini – Marsilio, *1995). Zapponi had taken Flaiano's role as Fellini's scriptwriter, and worked with the director before Tonino Guerra. Zapponi and Fellini worked together from* Toby Dammit *(1967) to* La Città delle Donne *(1979), producing* Satyricon, Roma, *and* Il

quarantasei anni, io trentanove. Ora lui ne aveva sessanta, io cinquantatre. Non ci divertivamo più a lavorare insieme. Sì, questa era la verità; il lavoro stava diventando routine. Non più gioia di vivere, gite ai Castelli, chiacchiere a vuoto su Jung e su Fortunello, commenti ai libri, storie di casini; e soprattutto la voglia di inventare favole… Quella specie di ritardata giovinezza su cui si basava la nostra collaborazione stava finendo".

Zapponi si riferisce ai diverbi durante la lavorazione de *La città delle donne*, ma chiarisce che non sono stati il vero motivo della rottura di un sodalizio più che decennale. Il motivo profondo sta nel fatto che gli uomini cambiano e le situazioni si modificano.

Le pagine più belle del libro di Zapponi sono dedicate al Fellini privato: tic, fissazioni, metodo di lavoro. Lo sceneggiatore elenca idee, spunti, sogni, vignette, battute e progetti abortiti. Molte pagine raccontano episodi vissuti in prima persona durante la lavorazione de *I clowns*, *Satyricon*, *Casanova* e *Toby Dammitt*, episodio di *Tre passi nel delirio*.

Manie, abitudini, il circo e i luoghi felliniani

Fellini ha l'abitudine di cominciare il pranzo mangiando una noce, sostiene che *la noce è un simbolo augurale, è come un piccolo cervello umano*. In certi momenti della sua vita si mette a tavola e per prima cosa addenta una mela, ma la sua abitudine alimentare più duratura è quella di pranzare con ovuli di mozzarella e un piatto di prosciutto. Non segue una dieta molto varia, tanto è artisticamente geniale e imprevedibi-

Casanova *along the way. In 2000, Zapponi died at 73 years of age. However, before his passing he was able to record the time he spent together with the genius: telling juicy anecdotes, and describing the characteristics of a director attracted to both the sombre side of life and the childish basis of his own imagination. Zapponi and Fellini's prolific professional partnership came to a halt at the end of the 70's.*

"Nothing ever happened between us, there were no arguments; not even the time with that awkward script had caused any rift between us: but I still had a feeling of conclusion. A change in both of us. When we met, Federico was forty-six years old, I was thirty-nine. Then later, he was sixty, while I was fifty-three. We no longer had fun working with each other. Yes, that's the truth; work was becoming a routine. There wasn't the same joie de vivre *of old, trips to castles, aimless conversations about Jung and Fortunello, comments on books or stories about brothels; but the main missing component was the need to go on making up stories… that sort of late-blooming youth on which our collaborations were based was drying up".*

Zapponi refers to the arguments which took place during the production of La Città delle Donne, *and he goes on to explain that these weren't the real motive behind the end of a partnership that had lasted for over ten years. The real, profound reason is that both people and situations change.*

The best parts of Zapponi's book are those dedicated to Fellini's private life: his nervous tics and habits, obsessions, and his method of working. The scriptwriter lists the director's ideas, sources of inspiration, his dreams, anecdotes, jokes, and his abandoned projects. Several pages detail first-hand accounts of moments during the production of I Clowns, Satyricon,

Scenografia rappresentante il
mare in Casanova
1976

Set design of the sea on Casanova
1976

le, quanto è abitudinario e monotono nei cibi. Preferisce sapori tenui e semplici, cibi casalinghi come pasta in brodo, spaghetti pomodoro e basilico, insalate condite con limone e frutta. Il suo ristorante preferito è in via Sicilia, gestito dalla bolognese Cesarina, vecchia conoscenza riminese, che lo nutre con i sapori di una volta, consentendo un nitido ricordo dei cibi della sua infanzia. Fellini ha un tavolo fisso da Cesarina, proprio sotto un grande ritratto che immortala la proprietaria, è un tavolo rotondo dove siede con amici e collaboratori fidati, ma pure insieme a Giulietta Masina. Ordina un antipasto a base di crocchette, stuzzichini e piatti semplici come pasta e insalata, per far presto, visto che non ama perdere tempo a tavola. Decide il menu per tutti, se qualcuno vuole condire l'insalata con l'aceto non può farlo, perché lui è regista sempre, anche nelle piccole cose della vita. Beve poco vino, al massimo due bicchieri, quasi mai superalcolici, non fuma a tavola e se qualcuno accende una sigaretta lo prega di smettere, anche se da giovane è stato un accanito fumatore. Giulietta Masina, invece, fuma molto e non è facile impedirglielo, anche se lui ci prova, con la scusa che lo fa per la sua salute. Beve il caffè con la mano stesa sotto la tazzina, forse per non sporcarsi, un modo di fare che lo caratterizza.

Fellini ama i posti squallidi, luoghi come Ostia pieni di brutte case anni Quaranta, vialoni desolati e solitari, ville al mare dal gusto retrò. "Ostia mi ricorda Rimini, gli anni della mia infanzia", dice. Non è lecito sapere se si riferisce alla Rimini vissuta o a quella ricostruita con la fantasia. Ama lavorare in posti squallidi, luoghi felliniani per

Casanova, *and* Toby Dammit, *Fellini's episode in* Tre Passi Nel Delirio.

Habits, Obsessions, the Circus, and Fellinian Settings

Fellini had the funny habit of beginning every lunchtime meal by eating a nut, opining that the nut is a symbol of good luck wishes; it's like a little human brain. *On certain occasions, the first thing he would do at the dinner table was to eat an apple, but his most customary meal was a plate of ham served with mozzarella. Fellini's diet wasn't particularly varied. In point of fact, he was as artistically brilliant and unpredictable as his eating habits were monotonous. The director favoured delicate, simple food: home cooking classics such as soups, spaghetti with tomato and basil, salads with lemon and fruit. His favourite restaurant was in Via Sicilia. It was run by Cesarina, a lady friend from Bologna who Fellini had known since his time in Rimini. She would treat him with foods from a bygone era, bringing back crisp memories of meals dished up during his infancy. Fellini had his own table at the restaurant, placed right under a painting of the proprietor. It was a round table where he would sit with friends, trusted collaborators, and with Giulietta Masina. The director would order starter dishes of croquettes, savoury snacks, and simple dishes such as pasta and salads: the aim of all this was to eat up quickly, as he was not one to waste time at the dinner table. Fellini would order for everyone: one could not dress their own salad with vinegar if one so wished, because Fellini was the director even in life's little moments. He drank very little wine (two glasses at the most), hardly ever drank liquors, and never smoked at the dinner table, going so far as to*

Con il clown sul set de
La dolce vita
1960

*The clown on the set of
La dolce vita
1960*

eccellenza come i ristoranti cinesi, anche se non sopporta la cucina orientale. Trascorre periodi di vacanza a Chianciano (si veda *Otto e mezzo*), località termale fuori moda dal fascino ambiguo e decadente, immersa in un paesaggio toscano che ricorda un quadro fiammingo. Raggiunge questi luoghi a bordo di una Mercedes che guida assecondando il suo umore, a scatti, con frequenti decelerazioni, frenando e ripartendo all'improvviso. Non porta mai denaro con sé, ma solo il libretto degli assegni, quindi le piccole spese devono sostenerle gli amici che escono con lui.

Fellini è un lavoratore infaticabile, ha un culto totale per la libertà, ritiene che la sceneggiatura non debba essere uno schema rigido dove ingabbiare idee. Non vuole limiti imposti e la sua creatività deve spaziare senza freni. Quando gira un film indossa una sorta di divisa scaramantica: cappotto, sciarpa, un cappello a forma di tricorno, impugna un megafono che porta alla bocca per gridare comandi e imprecazioni. Si arrabbia spesso, ma convince tecnici e attori con l'arma della dolcezza, facendo sì che tutti seguano la sua idea. Fellini segue la lavorazione di un film nei minimi particolari, non trascura niente, perché *non esistono cose secondarie*. Seleziona con cura i volti che devono interpretare i ruoli, valuta bene le facce perché fa cinema espressionista, fatto di contrasti e imprevedibilità dei personaggi.

Fellini ha un vero e proprio culto per cartomanti e sensitivi che fanno parte dei suoi riti scaramantici prima di cominciare la lavorazione di un film. Non ci crede più di tanto, ma non rinuncia a frequentarli e ne resta sempre affascinato. Un sensitivo amico di Fellini è il mago Rol, il regista

stop others from lighting up if they so wished (this in spite of the fact that he'd been a hardened smoker in earlier years). Giulietta Masina, however, very much enjoyed smoking, and despite his best intentions to get her stop for health reasons, he didn't have much luck. Whenever he drank coffee, Fellini would hold a hand under his cup, perhaps to avoid spilling coffee on the table. This habit became a part of him, one of his most typical gestures.

Fellini loved dirty, squalid places. A perfect example was Ostia, full of ugly old 1940's houses, desolate, lonely avenues, retro seaside villas. He claimed "Ostia reminds me of Rimini, and my childhood there". It's not really clear whether he is referring to the Rimini he actually lived in, or the reconstructed version of his own vivid imagination. He truly enjoyed working in fetid, fellinian *settings par excellence like Chinese restaurants, even though he could not stand oriental cooking. He would spend holidays in Chianciano (see* Otto e Mezzo), *an unfashionable thermal spa location with an ambiguous, decadent charm, immersed in a Tuscan landscape that evoked Flemish art. He would use his Mercedes to get to these places, and his manner of driving would reflect his mood at the time: sudden forward jerks, slowing down frequently, braking and setting off again without warning. He'd never carry cash around with him, preferring his chequebook, and letting his friends foot the bill for trivial expenses.*

At work, Fellini was tireless. He worshipped freedom of creativity, opining that scripts should not be seen as strict, solid frames within which ideas should be caged. He did not accept boundaries, and let his creativity roam freely. When directing, he had the superstitious habit of wearing his "uniform": an overcoat,

ricorre spesso a lui, anche per telefono, lo considera un importante consigliere spirituale. Rol è uno dei massimi esperti italiani del paranormale, organizza sedute spiritiche, dirige incontri con gli spiriti dei morti, legge il futuro. Fellini va da lui prima di girare *Casanova*, comunica per scritto con il grande seduttore veneziano che si manifesta e si dice onorato del progetto cinematografico. Fellini frequenta i medium, ma chi lo conosce bene sostiene che pure lui possiede facoltà medianiche, perché entra in sintonia con gli attori, li condiziona e li guida quasi telepaticamente. Fellini ha il film in testa, scena dopo scena, sa quello che vuole e non è disposto a discutere neppure una sequenza con l'attore. Il regista succhia il meglio dagli interpreti, come un vampiro di celluloide, li restituisce spremuti, annullati, tant'è vero che la maggior parte degli attori che lavorano con lui subito dopo si perdono nel niente. Fellini esige un rapporto totalizzante e si impadronisce dei collaboratori che finiscono per essere svuotati da ogni energia. Entra nella vita privata del collaboratore, pone domande indiscrete, telefona ad amici e risolve problemi, perché vuole essere regista anche nella vita e tenere in mano le redini del comando. Soltanto Mastroianni è capace di resistere a questa opera di prosciugamento, ma il suo rapporto con Fellini segue regole diverse, di compenetrazione cinematografica tra vita reale e finzione.

Fellini ama i fumetti, soprattutto i personaggi del *Corriere dei Piccoli* che spesso cita nei lavori cinematografici, ma anche il francese Jodelle di Peellaert e Bartier che si caratterizza per un disegno pop. Al contrario, non sopporta la musica

scarf, tricorn hat, and a megaphone he would use to command and hurl imprecations. He'd frequently get angry, but more often than not he would be gentle and coax both technicians and actors alike over to his way of thinking. When creating a film, Fellini would closely follow even the tiniest details. Nothing was left to chance, because, according to him, nothing is secondary. The director carefully chose the actors for his films: given that Fellini made expressionist cinema, largely based on the characters' contrast and unpredictability, it was vital for him to carefully evaluate the faces that were to be cast.

Amongst Fellini's superstitious rituals and habits before beginning work on a film, he had a particular penchant for fortune-tellers and those with extrasensory powers. He didn't really believe in it all that much, but for some reason it was a subject that would always fascinate him, and of which he couldn't get enough of. The fortune-teller Rol was a close friend of the director's. Fellini would contact him often, and considered him to be an important spiritual advisor.

Rol was one of Italy's foremost experts on paranormal events. He organised spiritual gatherings, headed meetings with the ghosts of the dead, and could see into the future. Before making Casanova, Fellini attended a sitting with Rol, and apparently communicated with the great Venetian seducer, who revealed he was honoured by the project. Although Fellini consorted with mediums, those who knew him well claimed he also had medium-like powers: he could get on actors' wavelengths, influencing them, and guiding them in an almost telepathic manner. Fellini had the film all played out in his mind, scene after scene, and had no intentions of arguing about a scene with an actor. Like a celluloid vampire, the director

Fellini con Barbra
Streisand
1984

Fellini and Barbra Streisand
1984

che in casa risulta bandita, ma esige persino che venga spenta la filodiffusione nei ristoranti che frequenta. Lavora e scribacchia, più che prendere appunti fa disegni, spesso scherzosi e osceni, rappresenta donne con grandi chiappe e seni enormi, caricature di amici e personaggi dei film in lavorazione.

L'amore per il circo è una costante della sua vita, una passione autentica che deriva dalle ossessioni dell'infanzia, simboleggiata dalla figura del clown come specchio delle paure infantili. Nella vita quotidiana sentiamo spesso Fellini affermare che una persona *pare un clown* ed esclamare: "Guarda che faccia da clown!". Il regista vede un mondo popolato da clown, il suo idolo è Charlot, ma è la Masina che rappresenta l'incarnazione cinematografica della sua poetica. Tutto questo a lungo andare infastidisce l'attrice che non ne può più di sentirsi ingabbiata nel personaggio clownesco de *La strada* e *Le notti di Cabiria*. Fellini colleziona libri sul circo e sui clown che solerti commessi di libreria spesso gli offrono, ama le *roulottes* come case in movimento, luoghi precari per eccellenza popolati da clown in viaggio.

"I pagliacci mi angosciano perché sono troppo simili a certi personaggi della mia infanzia: gli ubriachi, i matti, i mutilati, i fascisti col fez alto e il capostazione che non si levava mai il berrettone nemmeno a tavola. In ogni paese c'è l'idiota, il pazzo, il mostro, che hanno proprio funzioni da clown presso la gioventù sguaiata".

Federico Fellini, Giulietta Masina e le donne

La vita privata di Federico Fellini si modifica radicalmente quando conosce Giulietta Masina,

was able to suck out and absorb the stars' best performances, leaving them drained and withered: after working with Fellini, most actors went on to fade into obscurity. Fellini demanded a relationship of total devotion, possessing his collaborators, and leaving them bereft of energy. He poked his nose into their private lives, asking indiscreet questions. He called friends and solved problems, because even in everyday life he wanted to be a director, and to have everything in his control. Mastroianni alone was able to resist the draining effect of this relationship, but then again, his rapport with Fellini was different. Their relationship was based on their similar cinematographic ideals of a world somewhere between real life and fantasy.

Fellini loved comic books, especially the characters in the Corriere dei Piccoli *who he would often cite in his films. He also treasured the French pop design character Jodelle, by Peelaert and Bartier. On the other hand, he couldn't stand music, and banned it not only in his own house, but also in the restaurants where would eat. He would work and scribble, drawing sketches more often than taking notes. These drawings were usually amusing or obscene, often featuring women with huge breasts and buttocks, or caricatures of friends and characters of his films in progress.*

His love of the circus was a constant focal point of his life. This true passion of his came from his childhood obsession, symbolised by the figure of the clown, mirroring childhood fears. In everyday life, Fellini was often heard to state that certain people looked like clowns, *and he would exclaim: "Look at that clown's face!". The director saw a world populated by clowns. His idol was Charlot, but Giulietta Masina represented the cinematographic incarnation of his poetic style.*

perché il loro fidanzamento è molto breve e fa da preludio a un matrimonio che si celebra nel 1943 e dura tutta la vita. All'inizio tra Federico e Giulietta non ci sono molte affinità di carattere, ma sono proprio le divergenze che attraggono il futuro regista. Giulietta coltiva tutti i valori borghesi che Federico rifugge da sempre, forse proprio le stesse cose dalle quali è voluto scappare quando ha lasciato Rimini. L'amore fa strani scherzi, perché sembrano proprio quei valori ad attrarlo nella futura compagna, molto più concreta e determinata di lui. Federico non sente il bisogno di avere programmi e di predisporre una strategia dell'esistenza. Giulietta sì. Federico accanto a lei continua a comportarsi da farfallone, a non dare importanza al denaro, a inseguire i suoi sogni in maniera vaga, ma con la sicurezza di avere una compagna concreta. Federico si innamora di una ragazza molto diversa dal tipo di donna che ha sempre prediletto, dalla tipica *bonona* tutta forme e abbondanza che sarà immortalata nelle sue pellicole. L'aria da folletto di Giulietta gli mette allegria, perché sembra una figura uscita da un libro di fiabe, ma l'aspetto inganna perché non c'è donna più determinata di lei e per Federico rappresenta un sicuro appoggio. I due si assomigliano soltanto nell'assoluta dedizione al lavoro, sono infaticabili e perfezionisti, non danno niente per scontato e si impegnano sempre per migliorare il migliorabile. Nel corso della vita non parlano mai della mancanza di figli, un cruccio troppo grande, soltanto Giulietta ogni tanto ne fa cenno con amici o con giornalisti fidati. La Masina soffre per un aborto provocato da una brutta caduta per le scale pochi mesi dopo il ma-

In the long run, this obsession began to annoy the actress, who felt herself to be trapped in the clown-like characters she played in La Strada *and* Le Notti di Cabiria. *Fellini had a collection of books on the circus and clowns, given to him by enthusiastic bookshop clerks. He loved roulettes: moving houses, the perfect example of a precarious existence on the move, populated by travelling clowns.*

"Clowns frighten me because they're a little too similar to certain characters from my childhood: drunkards, crazy people, the mutilated, the fascists with their fezzes, the stationmaster who'd never take off his cap, not even at the dinner table. Every town has its idiot, its lunatic, its monster, and all these characters were like clowns for the rude town youths".

Federico Fellini, Giulietta Masina, and Other Women

Fellini's private life changed radically when he met Giulietta Masina. Their brief engagement was concluded with their marriage in 1943, which was in turn to last their whole lives. At first there was little affinity of character between Federico and Giulietta, but it was those very differences that attracted the future director. Giulietta held to the very bourgeois values that Federico had always repudiated, and from which he'd run away when he left Rimini. Clearly love enjoys a good joke as much as the next man, because those same values are what attracted Federico to his future spouse: She was a woman much more solid and determined than him. Federico didn't feel the need to program things, or to set up a strategy in life. Giulietta, on the other hand, did. Fellini continued to act like a roguish playboy in her company, he still didn't give much importance to money, and he continued to chase his dreams in his own vague

Una pausa lavorazio
La dolce vita
1960

During a break on
La dolce vita
1960

trimonio, ma il dolore più grande è quello di un figlio morto (Federico) dopo due settimane di vita. Qualche critico riconduce la poetica di Fellini anche a questa assenza di figli, che gli permette di vivere in un mondo onirico e fantastico, popolato ancora da sogni fanciulleschi.

Fellini passa per un regista erotico dopo *La dolce vita*, ma in realtà non sa girare scene di sesso, soprattutto perché è un uomo pudico. Le donne che sogna sono quelle eccessive della sua infanzia, una vera ossessione che riporta alla memoria femmine gigantesche e robuste osservate sulle spiagge romagnole. Sono donne sensuali, voraci e materne, rappresentazioni oniriche che anticipano gli indimenticabili personaggi della Saraghina e della Tabaccaia. Femmine alte, muscolose, enormi come la Gigantessa Maxima del *Casanova* e la Donatella Donati de *La città delle donne*. "Questa mia fissazione è un ricordo delle donne di servizio che frequentavano la mia casa negli anni dell'adolescenza", dice, ma come sempre certe dichiarazioni vanno prese con le molle.

La stampa rosa racconta con dovizia di particolari le sue scappatelle, ma sono cose senza importanza, piccoli tradimenti che non mettono in pericolo l'unico rapporto importante della sua vita. Fellini è affascinato dalla femminilità, non può fare a meno di avere una donna accanto, ma tronca una relazione non appena si accorge che quel legame diventa impegnativo. Giulietta è al corrente di queste scappatelle, sopporta a malincuore, tollera le brevi relazioni, ma non sopporterebbe mai un'altra donna e una vita parallela del suo uomo. Giulietta rappresenta per Federi-

manner. All this he did, however, with the rock-solid certainty of the companion by his side. Federico's ideal woman was the typical curvy, sensual babe *immortalised in many of his films, but he fell in love with a woman very different from that particular image. Giulietta's pixie-like appearance could make him smile, because she resembled a character from a book of fairy-tales. However, there was more than met the eye to Giulietta, as there was no woman more fiercely determined than her, and in her companionship, Federico had the steady support he needed.*

The only thing in which the two resembled each other was in their total dedication to their work. They were tireless perfectionists who took nothing for granted and gave their all to try and improve what could be improved. They never spoke about their great sorrow over being childless. Only Giulietta hinted every now and then at the subject with friends and trusted journalists. Emotionally, Masina suffered deeply after a miscarriage brought about by a fall down the stairs just a few months after their wedding. However, their greatest source of grief was the death of their son (Federico) just two weeks after his birth. Some critics claim that this lack of children lead to Fellini's poetic style, that it allowed him to live in a fantastical, dreamlike world.

After La Dolce Vita, *many considered Fellini to be a director of erotic films. The truth is that he didn't know how to shoot sex scenes, being a man of demure tendencies. The women he dreamt of were those larger-than-life women from his childhood. This veritable obsession caused him to bring to life the giant, robust feminine characters he would so often watch on the beaches of Emilia Romagna. They're sensual women, both voracious and maternal: dreamlike previews of*

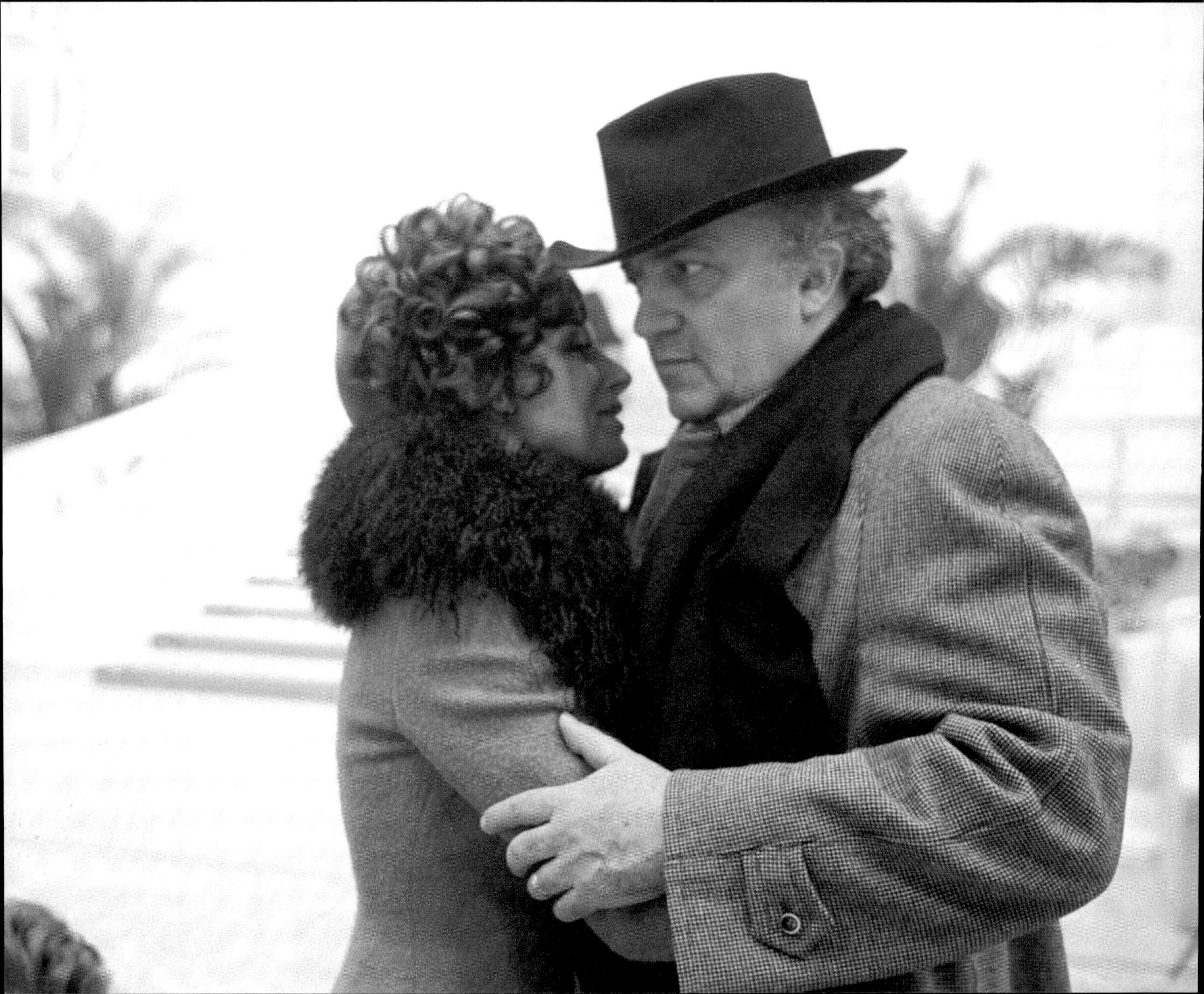

co la stabilità, la sicurezza, ma anche il mistero di una femminilità enigmatica così diversa dal suo modello erotico, una donna che forse non è mai riuscito a capire sino in fondo.

Fellini, Rossellini e Pinelli

Fellini manifesta subito la sua propensione alla bugia, ma sono bugie astratte, infantili, pronunciate senza voler danneggiare nessuno e quasi sempre prive di scopi pratici. Fellini è bugiardo perché rifiuta di accettare le cose spiacevoli, mente a se stesso e agli altri per delicatezza, preferisce raccontare una dolce menzogna piuttosto che dire una triste realtà. Non è un ipocrita e nel suo carattere non ci sono accenni di doppiezza, perché non racconta bugie per un calcolo utilitaristico. Le bugie di Fellini sono pronunciate per troppo amore, per un eccesso di bontà, per il desiderio di piacere al suo interlocutore. I bugiardi sono persone gentili, vogliono far contenti gli altri, incantare, conquistare, soprattutto non deludere. Fellini sa raccontare e sedurre, inventa aneddoti mai accaduti, ruba avventure agli amici e si appropria di episodi di vita altrui, come una spugna che assorbe il mondo circostante.

Se leggiamo alcune dichiarazioni pubbliche ci rendiamo conto che spesso il regista dice una cosa e subito dopo afferma il contrario.

A un giornalista confessa di aver imparato tutto da Rossellini, ma con altri si contraddice quando afferma che il grande neorealista non gli ha insegnato niente. In realtà sono vere entrambe le cose, perché Fellini e Rossellini hanno un ottimo rapporto, ma sono due persone troppo diverse, lontane anni luce come caratteri. Se Fellini rap-

characters to come like Saraghina and the women in the tobacco shop. Tall, muscular, enormous women like the Giantess in Casanova, and Donatella Donati in La Città delle Donne. Fellini claimed that "This fixation of mine is based on memories of the housemaids who'd come to my house during my teenage years", however, as is always the case with Fellini, such claims should always be taken with a pinch of salt.

The tabloid press would go into great detail about the director's love affairs. Yet these were devoid of all meaning: small, unimportant betrayals that would not endanger his only important relationship. Fellini was fascinated by femininity, and simply had to have a woman by his side. Whenever he felt that particular relationship was getting a little too demanding, that's when it would be time to call it a day. Giulietta was aware of these affairs, and unwillingly tolerated them, but she would have never stood for another steady woman in a parallel life with her husband. In Giulietta, Federico found stability, security, but also the mystery of an enigmatic femininity, so different from the model of eroticism he held dear: it could be said that right to the end he was never fully able to understand her.

Fellini, Rossellini, and Pinelli

Right from the off Fellini began to manifest his tendency to lie. However, they were abstract, childish lies, told without the intention of harming anyone and almost always without any practical objective. Fellini lied because he refused to accept disagreeable things. He lied to himself and to others out of considerateness, preferring to tell a sweet lie than a cheerless truth. He wasn't a hypocrite and there was no

Fellini con Ettore Scola a
Cinecittà

*Fellini with Ettore Scola in
Cinecittà*

presenta la totale dedizione al lavoro, Rossellini è soltanto genio e sregolatezza. Fellini può aver imparato da Rossellini la tecnica, ma forse l'aspirazione frustrata a raggiungere un modo d'essere regista che non fa parte del suo carattere gli fa sostenere di non aver imparato niente da lui.

Giulietta è una donna razionale, stima Rossellini ma non condivide la sua impostazione lavorativa, perché da donna ordinata e metodica, ritiene che la creatività non deve implicare il disordine. Giulietta pensa che per un artista sia fondamentale una vita ordinata e lei contribuirà sempre a fare ordine nell'esistenza del marito.

Fellini collabora a lungo come sceneggiatore di Rossellini, racconta che spesso viene costretto a riscrivere battute, ma persino intere scene, perché il regista cambia idea e improvvisa secondo l'ispirazione del momento. Tra Fellini e Rossellini esiste un rapporto di reciproca stima, inattaccabile e duraturo, ma l'anziano regista non prende bene il passaggio alla regia del giovane allievo. Le strade dei due uomini di cinema divergono inevitabilmente, le differenze tra un ragazzo fantasioso e un anziano regista che diventa sempre più freddo e didascalico sono incolmabili. A questo punto della sua vita Fellini non sa ancora cosa farà nel mondo del cinema, anche se si trova bene nelle vesti di sceneggiatore. Comincia un fruttuoso sodalizio con Tullio Pinelli, più vecchio di dodici anni, uno scrittore di teatro prestato al cinema, molto diverso da lui, ma per questo complementare. Pinelli non va mai sul set, si disinteressa della realizzazione su pellicola, non aspira a fare il regista, ma vuole soltanto scrivere. Fellini è un giornalista

hint of duplicity in his character, as he did not tell lies for any ulterior motives. Fellini's lies were born of an excess of love and goodness, and of his wish to please the interlocutor. Liars are kind. They want to make others happy, to enchant them, convince them, and above all, to not let them down. Fellini knew just how to tell stories and to seduce. He made up anecdotes that never happened, stole his friends' adventures or episodes from other people's lives, passing them off as his own, absorbing events happening in the world around him like a sponge.

The director's public declarations highlight this fact: he would often say one thing, and then immediately say the opposite.

He once confessed to a journalist that he had learned his trade from Rossellini, but then with others he claimed that the great neorealist director taught him nothing. In actual fact, both claims are true, given that Fellini and Rossellini had an excellent relationship, but as people – in terms of character – they were polar opposites. If we consider Fellini to represent total devotion to work, then Rossellini can be considered to represent genius with intemperance. Fellini may have learned his technique from Rossellini, but perhaps the frustrated attempt to adopt a directing style that conflicted so sharply with his own character lead him to claim he had learned nothing from Rossellini.

Giulietta was a rational woman. She highly esteemed Rossellini, but did not appreciate his method of working. She was a neat, methodical woman, and believed that creativity should not necessarily mean being untidy. Giulietta believed that an orderly life is indispensable for an artist, and she would forever be a source of orderliness for her husband.

Fellini worked at length as Rossellini's scriptwriter.

Fellini impartisce lezioni per una
scena di Casanova
1976

Fellini showing details for a scene
on Casanova
1976

in prestito alla sceneggiatura, un uomo privo di posizioni personali da difendere, che ama l'ambiente del cinema, le donne che lo frequentano, persino gli orari assurdi che viene costretto a seguire. Fellini e Pinelli vanno avanti da buoni amici, di comune accordo almeno fino a *Giulietta degli spiriti*, poi il sodalizio si incrina, ma non per questo si interrompe, anche se le cose cominciano ad andare meno bene.

Fellini regista
Rapporti con Rota, Visconti e Pasolini

Fellini diventa regista quasi per caso, forse solo perché gli viene offerta una possibilità, ma soprattutto perché è stanco di vedere tradite le sceneggiature dal lavoro di altri. In questo periodo è un uomo che parla sempre con il sorriso sulle labbra, si diverte a vivere la sua vita, sembra felice e trasmette anche agli altri un senso di felicità. Gli amici sostengono che cambierà dopo *Otto e mezzo*, dicono che si comporterà da arrivista e da sfruttatore, ma forse non è vero, perché Fellini è sempre stato un pragmatico, uno che ha capito le regole del cinema. Per lui esiste soltanto il film, il risultato finale va sopra ogni altra cosa e per ottenerlo bisogna lavorare duro. Tutto il resto passa in secondo piano.

La sfida di fare il regista è una fuga verso un nuovo lido, un altrove da sperimentare, a stretto contatto con il set e con la possibilità di mettere alla prova la sua capacità di dirigere uomini.

Nino Rota diventa un collaboratore prezioso, perché non è pensabile il cinema di Fellini senza le sue poetiche colonne sonore. Il regista non ama la musica e non ha una grande cultura mu-

He spoke of how he was often forced to rewrite not only lines, but also whole scenes when the director would change his mind and improvise according to his latest inspiration. There was a strong mutual esteem between Fellini and Rossellini, but the older director didn't take it well when his young protégé made the switch to directing. The gap between the vividly imaginative youngster and the elderly director, who had become ever more pedantic and cold, had become to wide to be closed, and inevitably the two parted ways. Although Fellini still felt at ease with his role as scriptwriter, at this point in his career in cinema he was unsure of how to proceed. Thus began a prolific partnership with Tullio Pinelli (twelve years the director's senior), a theatre writer who had begun to dedicate himself to the big screen. A man very different from Fellini, they complemented each other perfectly. Pinelli never visited the film set. He wasn't interested in the making of the film, and didn't harbour aspirations of becoming a director. He simply wanted to write. Fellini was basically a journalist lending himself to scriptwriting, he didn't take and defend personal stances.

He loved the atmosphere of the world of cinema, the women to be found within it, even the absurd working hours one had to put in. Fellini and Pinelli became good friends, almost always in agreement. This was, at least, until Giulietta degli Spiriti. *After said film, their partnership began to crack. However, it did not break, even if things went slightly downhill thereafter.*

sicale, ma Rota rappresenta il suo lato nascosto, le sue note modellano una compenetrazione di stili e poetiche. Rota traduce in musica il mondo lirico e onirico di Fellini, senza bisogno di ricevere troppe istruzioni, sembra quasi che tra i due esista una consonanza innata, che si intendano senza comunicare. Fellini perde un amico carissimo quando Nino Rota muore d'infarto, con lui se ne va la sua parte più lieta e fanciullesca, come se il regista venisse privato d'un braccio, anche se lo sostituirà con professionisti del valore di Bacalov, Plenizio e Piovani.

In questo periodo storico i critici si dividono in *viscontiani* e *felliniani*, senza rendersi conto che si può appartenere a entrambi i partiti senza timore di essere tacciati di incoerenza. Tutto questo contribuisce a rendere difficile il rapporto tra Fellini e Visconti, una contrapposizione figlia dei tempi che mette pubblico e critica di fronte all'opzione di doversi schierare con un tipo di poetica o con l'altra. Al Festival di Venezia si crea una tensione tra *Senso* (1954) e *La strada*, generata anche da una sorta di boicottaggio di Stato nei confronti dei *pericolosi* film di Visconti. Tra i due cala un muro di gelo, al punto che Visconti critica con disprezzo *La strada*, definendolo *un film neoastrattista*, ed evita con cura di salutare Fellini. I due registi per anni fingono di non vedersi ed evitano di favorire un incontro, anche se Giulietta - con grande opera diplomatica - tiene vivo il rapporto e li fa riconciliare nel 1963, durante il Festival di Mosca vinto da *Otto e mezzo*. Un abbraccio nell'atrio dell'Hotel Moskva cancella anni di incomprensioni e fa tornare i rapporti cordiali e distesi, al punto che Fellini va a vedere *Lo straniero* (1967)

Fellini the Director
Relationships with Rota, Visconti, and Pasolini

Fellini became a director almost by chance. Partly, perhaps, because he was given the chance, but mainly because he was tired of seeing his scripts "betrayed" by other people's work. During this time he always wore a smile, he enjoyed his life. He seemed happy, and his happiness was infectious. Friends claim that he changed after Otto e Mezzo, *that he became a social climber and a user. This, however, may not be the case. He had always been pragmatic, one who understood the rules of cinema. For him the film was the only important thing. The result was the most fundamental thing, and hard work was required to obtain it. Everything else took a back seat.*

The challenge presented by directing represented a new horizon for Fellini to aim for, a new way of experimenting, in close contact with the set and with the possibility of testing his own man-management capacities.

Nino Rota became a precious collaborator of the director's. It's impossible to think of Fellini's cinema without its poetic soundtracks. The director isn't really a fan of any kind of music, and has no great musical culture, but Rota represents a hidden side to Fellini. His tunes shared the same poetic style present in the films. With next to no instructions or direction, Rota was able to translate Fellini's lyrical, dreamy world into musical form. It was almost as if there was a natural harmony between the two, as if they understood each other without communicating. When Nino Rota died of a heart attack, Fellini lost a dear friend, and with his passing, the director also lost the most cheery, boyish part of himself. It was as if he had lost an arm, even though he would later replace the void

e ne tesse le lodi, anche se non è il miglior lavoro di Visconti, così come quest'ultimo elogia il *Satyricon*. Non solo. Quando Visconti resta immobilizzato su una sedia a rotelle, Fellini è tra i primi a fargli visita e ammira la decisione di continuare a lavorare fino all'ultimo. Il rapporto tra due grandi registi che lasciano un segno nella cultura italiana contemporanea si normalizza, anche perché i tempi cambiano e le contrapposizioni ideologiche si stemperano.

Fellini comincia a condurre una doppia vita quando decide di realizzare *Le notti di Cabiria*, perché vuole conoscere la realtà che andrà a raccontare. Comincia un viaggio alla scoperta delle borgate romane e del mondo del sesso a pagamento, frequenta di notte le strade del vizio in compagnia dell'Art Director Piero Gherardi, esce con Pier Paolo Pasolini e Sergio Citti, che fanno da guida lungo percorsi conosciuti. Pasolini è un giovane scrittore che ha pubblicato due discussi romanzi (*Una vita violenta* e *Ragazzi di vita*), scrive per il cinema, critica il sistema, ma soprattutto conosce a fondo il mondo delle borgate. Fellini percorre con lui le notti romane, a bordo della sua Chevrolet o con l'utilitaria dello scrittore, rientra a casa alle quattro del mattino, provocando le preoccupazioni della Masina. Nonostante tutto, durante il giorno lavora molto, risolve i problemi produttivi della pellicola e pensa a preparare un lavoro che deve essere il più possibile realistico.

Quando esce *La dolce vita*, Fellini cambia abitudini. Si abbandona a un'esistenza provvisoria, vaga lungo la penisola, partecipa a incontri, dibattiti, pranzi, concede interviste e fa servizi

with such highly esteemed professionals as Bacalov, Plenizio, and Piovani.

During this period of history, critics divided themselves into viscontiani *and* felliniani, *without realising they could belong to both groups without being accused of inconsistency. All this served to damage the relationship between Fellini and Visconti. Their opposition was the result of a time in which both the public and critics alike were given the choice of siding with one kind of poetry rather than another. At the Venice Film Festival there was an atmosphere of tension between* Senso (1954) *and* La Strada, *that was partly created by a kind of state boycott of Visconti's dangerous films. Relations between the two directors became decidedly frosty, to the point that Visconti would heavily criticise* La Strada, *defining it a neo-abstractist film. He would make a point of not greeting Fellini. The directors pretended to ignore each other for years, and refused to meet. In spite of this attitude, Giulietta – in a highly diplomatic move – kept their relationship alive, and managed to arrange a truce in 1963, during the Moscow Film Festival in which* Otto e Mezzo *triumphed. An embrace in the atrium of the Hotel Moskva wiped out years of incomprehension, and heralded a renewal of their polite, relaxed relationship. Fellini saw* Lo Straniero (1967) *and sang its praises even though it wasn't one of Visconti's best films. For his part, Visconti would go on to praise* Satyricon. *But that wasn't the end of it. When Visconti was left paralysed in a wheelchair, Fellini was one of the first to visit him. The latter admired the director's decision to continue making films regardless. Two great directors who made their mark on contemporary Italian culture: their relationship was mended, due also to the fact that times change,*

fotografici. Sorpreso dal successo e sconcertato dalla rabbia perbenista, si getta in un'orgia di impegni inutili, il solo modo che conosce per rilassarsi. Come confidente sincero resta Pier Paolo Pasolini, grande perseguitato del periodo storico a causa di posizioni politico - sociali controcorrente. Il mondo del cinema manifesta invidia e incomprensione verso Fellini, le amicizie cambiano e i compagni meno sinceri sono i primi ad abbandonarlo. Un pegno da pagare al successo, bilanciato dal fatto che in molti dimostrano ammirazione nei suoi confronti, pure se ognuno trova un significato diverso da dare al film e si sprecano le domande sul finale aperto e su altri interrogativi sollevati dalla pellicola.

L'incontro con Bernhard - datato 1960 - inaugura la fase onirica di Fellini e la grande importanza che il sogno comincia a rivestire nella sua opera cinematografica. Lo psicanalista junghiano diventa amico del regista e lo convince, dopo una serie di sedute psicanalitiche, a trascrivere sotto forma di disegni i suoi sogni. *Il libro dei sogni* nasce tra *La dolce vita* e *Otto e mezzo*, proprio nella convinzione che l'attività onirica - produttrice di fantasmagorie - sia più importante dell'attività diurna. *Il libro dei sogni* pesa quasi otto chili, adesso è prodotto in mille copie numerate e viene venduto in poche librerie al prezzo di trecento euro. Si tratta del più prezioso tra i due volumi che riproduce *Il libro dei sogni* e *Oniricon* di Federico Fellini, due album in cui il regista annota i suoi sogni lungo l'arco di trent'anni. *Il libro dei sogni* aiuta a conoscere Fellini, autore che attua una trasposizione della vita attraverso l'attività onirica. Il regista compila un personalissimo dia-

and ideological oppositions can soften, patching over old wounds.

Fellini began to lead a double life when he made up his mind to direct Le Notti di Cabiria. *He wished to truly know the reality he was going to portray. Thus began a voyage of discovery into the working-class suburbs of Rome, and a world of brothels. He frequented the seedy late-night streets with his Art Director Piero Gherardi. He would go out with Pier Paolo Pasolini and Sergio Citti, who would be his guides along unknown paths. Pasolini was a young writer who had published two much-discussed novels (*Una Vita Violenta, *and* Ragazzi di Vita*). He wrote for the cinema, was critical of the system, but above all he knew the Roman working-classes perfectly. Together they would roam the streets in Rome at night, either in Fellini's Chevrolet, or in the writer's utility car. Usually he would get home at around four in the morning, causing Masina to fret all night. In spite of everything, he managed to work well during the day, solving all the film's production problems, as he prepared a piece of work that would be as realistic as possible.*

Fellini's habits changed once La Dolce Vita *was released. He let himself go into a provisory existence, wandering the country and participating in debates, seminars, business lunches, interviews, and photo shoots. Taken aback by his success, and disconcerted by the anger coming from respectable circles, he launched himself into a veritable orgy of useless engagements. This was the only way he could relax. Pier Paolo Pasolini – who at the time was a victim of persecution due to his counter-current socio-political stance – remained his most trusted confidant. Several figures of the world of cinema either misunderstood or*

Fellini e l'attore Riccardo Garrone
sul set de La dolce vita
1960

*Fellini with actor Riccardo Garrone
on la dolce vita set
1960*

rio con una serie di immagini oniriche utilizzate come spunti per i film, circa quattrocento immagini, su fogli da disegno Fabriano di due diverse dimensioni, la cui rilegatura viene predisposta dallo stesso Fellini. L'idea della realizzazione di un diario onirico è una cosa meditata, così come le immagini sono spesso accompagnate da commenti e riflessioni scritte.

In questo periodo, molti giornali scandalistici raccontano di un matrimonio in crisi, di un Fellini che starebbe per cambiare vita e per separarsi. Non c'è niente di vero, perché con Giulietta Masina il sodalizio umano e artistico è sempre più solido. La compagna resterà il fulcro della sua vita fino alla morte e si spengerà pochi mesi dopo la scomparsa del marito.

Mentre prepara *La città delle donne*, Fellini è poco disponibile al dialogo, attraversa una crisi d'insonnia turbata da incubi, riesce a dormire solo tre giorni in cinque mesi. Sogna di essere a bordo di una zattera in mezzo a un mare infido, pieno di pescicani. Non vorrebbe fare il film, ma alla fine l'amore per il lavoro ha il sopravvento e lo aiuta a superare le critiche delle femministe. Durante la lavorazione della pellicola non ha un buon rapporto con l'estroso Ettore Manni, personaggio troppo irregolare per i suoi gusti. La fine di Manni, al termine delle riprese, resta avvolta nel mistero, si sa soltanto che muore dissanguato per un colpo di arma da fuoco sparato in una coscia che gli recide una vena. Difficile dire se è un suicidio o un tragico incidente.

were envious of Fellini. Friendships come and go, and his most insincere friends were the first to abandon him. This was his price to pay for success, but it was balanced out by the fact that he was still admired by many, even if everyone had a different interpretation of the film and there was a vast amount of questions about the film and its ending. Fellini's meeting with Bernhard in 1960 marked the beginning of his dreamlike phase, and the realisation of just how important dreams would be in his films. The Jungian psychoanalyst befriended the director, and after a series of sittings, convinced him to transcribe his dreams into pictures. Il Libro dei Sogni came between La Dolce Vita and Otto e Mezzo, and Fellini was convinced that a phantasmagorical life in dreams was more important than real everyday life. Il Libro dei Sogni weighed in at eight kilograms. There are one thousand numbered copies, and they're sold in selected bookshops at three-hundred euros each. Fellini recorded thirty years' worth of dreams in two tomes: Il Libro dei Sogni and Oniricon, the former being the more valuable and important of the two. Il Libro dei Sogni helps us get to know Fellini better, as he effects a transposition of life through dreams. He filled an extremely personal journal with a multitude of fantastical images he would use as inspiration for his films. There are around four-hundred drawings on sheets of Fabriano paper divided into two sizes, and the binding of the diary was done by Fellini himself. The idea of making a diary of dreams was meditated over at length, and the images are often accompanied by written thoughts and comments.

This was a time when there abounded tabloid speculation on the state of the director's marriage: it had been claimed that he and Masina were on the verge of

Fellini, Mastroianni e Cuny
in La dolce vita
1960

Fellini, Mastroianni and Cuny,
La dolce vita
1960

Marcello Mastroianni e Tonino Guerra

La dolce vita cementa un'amicizia intensa tra Federico Fellini e Marcello Mastroianni, difficile a trovare tra uomini di cinema, soprattutto di grande successo. Il divo Mastroianni e il geniale Fellini vivono in simbiosi e in confidenza reciproca, si frequentano quotidianamente, giocano come adolescenti a chi possiede l'auto più veloce, la maggior popolarità e le ammiratrici più fanatiche. Si prendono in giro e rivaleggiano scherzosamente, pure se non amano la mondanità. Sono intimi al punto di organizzare pranzi e visite nelle case delle rispettive famiglie, ma sono due uomini agli antipodi, contrastanti e forse proprio per questo amici. Nella loro diversità finiscono per somigliarsi, al punto che Mastroianni diventa l'alter ego cinematografico di Fellini. Marcello è mite, sornione, fatalista. Federico è esuberante, lavoratore, autoritario. Mastroianni si fa travolgere dalle passioni e non perde occasioni per complicarsi la vita privata, tra amanti occasionali e donne che lo tormentano. Fellini rifugge ogni complicazione sentimentale e vive al riparo di Giulietta Masina, unico affetto sicuro e organizzatrice di una vita condotta ad alti ritmi lavorativi. I due si abbandonano a un cameratismo da adolescenti che si esprime secondo un gergo inventato, comprensibile soltanto a loro. Fellini vive un periodo tormentato quando gira *Giulietta degli spiriti*, perché prova ancora più interesse per il mondo magico, sperimenta sotto controllo medico una sostanza allucinogena chiamata LSD 25, ma alla fine prova imbarazzo per le sciocchezze che può aver combinato. Negli anni della scoperta delle droghe è impor-

separating, that Fellini couldn't wait to start a new life. However, nothing could have been further from the truth: his and Giulietta's relationship was more rock-solid than ever, from both the human and artistic points of view. Fellini's companion remained his one true fulcrum until his death, and she also passed away just a few months after her husband.
Fellini was somewhat unapproachable while preparing La Città delle Donne. *He was going through a rough patch of insomnia compounded by nightmares. He managed to sleep just three days in five months. He dreamt of drifting in an insidious, shark-infested sea on board a little raft. He thought of not going ahead with the film, but in the end, the love he had for his work took him through the crisis, in spite of heavy criticism from feminist circles. Fellini did not have a good relationship with Ettore Manni during the making of the film, believing the actor to be a little too capricious for his liking. Manni's death after shooting had finished is still shrouded in mystery. The only certainty is that he bled to death from a bullet wound which cut a vein in his thigh. It's not known if it was suicide or a tragic accident.*

Marcello Mastroianni and Tonino Guerra

La dolce vita *seals the intense friendship between Federico Fellini and Marcello Mastroianni, somehow a very rare feeling between successful men in this business. Mastroianni the star and Fellini the genius live in a sort of symbiosis, seeing each other on a daily basis, competing like two adolescents over who has the faster car, the more fans or larger audience. They tease each other for fun, albeit always keeping at a certain distance from the glamourous world around them, and rather willing to share quality time with*

Fellini e Nanny Loy alla consegna
del premio David di Donatello in
Campidoglio
1983

Fellini and Nanny Loy at the
David di Donatello prize
1983

tante per un intellettuale provare la sensazione di vedere cose incredibili e accarezzare deliri di onnipotenza. Fellini non ci rinuncia, ma non ne resta estasiato. Il suo mondo onirico è talmente popolato di fantasmi e ricordi che non sente il bisogno di ricorrere a visioni artificiali.

Il poeta Tonino Guerra diventa un collaboratore importante, al punto che senza di lui non sarebbe esistito *Amarcord*. Tra lui e Fellini si cementa un ottimo rapporto umano, sono due romagnoli veri, scherzano, ironizzano su tutto e ricordano un passato fanciullesco ricco di poesia. I due personaggi sono accomunati da un amore per il mare che torna incessante nelle loro visioni come una placenta materna che riassorbe storie e personaggi.

Fellini e i colleghi

Fellini non ha una grande cultura classica. Preferisce le opere che trasmettono voglia di fantasticare, che propongono enigmi senza soluzione, i libri con molti punti interrogativi. Ama l'umorismo nero, gli scrittori fuori dalle regole, matti, macabri e fantastici. Le sue fonti d'ispirazione immancabili sono Kafka, il *Corriere dei Piccoli*, Chandler, Hammett, Simenon, il circo, Charlot, Gadda, Pinocchio e Jung. Vorrebbe girare un film su Pinocchio ma l'idea non si concretizza e forse per questo cita la storia di Collodi in quasi tutte le sue pellicole, come una sorta di desiderio irrealizzabile. Vorrebbe portare sul grande schermo *Amerika* di Kafka, ma l'idea segue l'infausto destino del *Mastorna*, resta un lavoro mai realizzato, un abbozzo incompiuto, pure se molta parte del suo cinema può dirsi kafkiano.

their families together than anything else. As men, they are two opposite individuals, almost antagonists, and that's a good enough reason why they are such kindred spirits to the point of resemblance. As a matter of fact, Mastroianni naturally turns into a kind of Fellini's cinematic alter ego. Marcello is a mellow, sly, fatalist guy, whereas Federico is exuberant, hard working, authoritarian. Mastroianni gets easily engrossed in intricate stories of love and passion, aggravating his personal life, between occasional affairs and official girlfriends giving him a hard time. Fellini instead, stays out of trouble and lives under Giulietta Masina's wings, his one and only lifetime affection as well as agenda organizer. Both men indulge in a teenager type of fellowship furtherly bonded by their own lingo. Fellini goes through a distressful phase while shooting Giulietta degli spiriti, *becoming more and more involved in the eerie world of magic, to the point of embarrassing himself with experimenting, yet under medical supervision, the hallucinogenic substance called LSD 25. Through the years, drugs play an important role and help him see otherwordly things as well as induce side-effect forms of ego trips. Fellini does not avoid them, however drugs are nothing special to him. His oneiric world already is so rife with ghosts and memories that no further artificial visions are needed. Poet Tonino Guerra is undoubtedly the key presence to make* Amarcord *happen. Two homeboys sharing the same roots, mocking and laughing at everything from their poetic past, with an altogether peculiar love for the sea, the element they both envision as a maternal placenta absorbing stories and people.*

Fellini vive a Cinecittà, il suo luogo ideale, precario e provvisorio più di un albergo, dove consuma monotoni pasti con amici e giornalisti durante le pause di lavorazione. Tutti lo chiamano "Il Faro", ma anche "Il Papa", lui sa che gli hanno affibbiato questi nomignoli affettuosi, ma lascia fare, accetta lo scherzo con spirito goliardico. Ricostruisce tutto in studio, come un ragazzino entusiasta di giocare al bricolage per fare un aquilone, come un pittore espressionista che si immerge nel fascino onirico delle sue creazioni. Il cinema di Fellini è finzione agli eccessi, frutto di un personalissimo baraccone delle meraviglie, un carnevale di luci e colori che ama vivere in compagnia. Il momento della moviola, invece, è un periodo di quaresima vissuto come un ritiro spirituale insieme al fido montatore Ruggero Mastroianni. Alla moviola Fellini non scherza mai, non sorride, ma è triste e pensieroso, perché sta facendo a pezzi i sogni per creare una struttura narrativa. Il regista torna allegro e compagnone soltanto nel momento del doppiaggio, ama stare con gli amici e appena può molla tutto per una pausa caffè.

Fellini rischia di lavorare insieme a Ingmar Bergman per un film composto da due episodi intitolato *Love Duet* (*Duetto d'amore*), ma alla fine l'occasione sfuma e il copione finisce nel grande contenitore delle cose mai realizzate. Bernardino Zapponi è il più dispiaciuto perché l'episodio di Fellini dovrebbe essere tratto da L'effeminazione, un suo racconto pubblicato su Playboy. Zapponi e Fellini scrivono un trattamento che modifica la parte finale della storia, troppo tragica per i gusti del regista. Purtroppo non se ne fa di niente e resta il rimpianto di un'occasione perduta.

Fellini and his colleagues

Fellini comes not from a classical background. He's more about creative works inspiring fantasy , enigmas with no solutions or books filled with question marks. Black humor and macabre or crazy writers thinking outside the box seem to entice him. Source of inspiration are Kafka, Corriere dei Piccoli, *Chandler, Hammett, Simenon, the circus, Charlot, Gadda, Pinocchio and Jung. He'd like to work on a Pinocchio movie but this will never come true, which perhaps explains the quotes strewn almost all over his entire production, as to pay homage to the story's original writer Collodi. It won't be so unusual for him to start projects bound to come undone, like the movie version of Kafka's* Amerika *or the story of* Mastorna.
There's to say that Kafkaesque cues can be easily found here and there throughout his body of work.
Fellini lives at Cinecittà, ideal place, precarious and temporary as a hotel can be, where he's having boring meals with friends and journalists during the breaks. Everybody calls him "the beacon", but also "Pope", fond soubriquets he doesn't mind anyway. He builds all his sets everything inside studios, like a kid enthused over assembling the pieces of a kite or an expressionist painter immerged into the oneiric appeal of his own creations. His style can be described as extreme fiction, like in a personal amusement park, a carnival of lights and colors. Editing time is something sacred instead, lived by Fellini as a spiritual retreat of sorts, always along with his faithful technician Ruggero Mastroianni. No time for jokes, at this stage he's dissecting his dreams to then create the narrative structure. The director goes back into a happier mood when at dubbing stage, he's now very

Fellini alla presentazione
della rivista Playboy
1972

Fellini at Playboy magazine's
presentation
1972

Fellini non stima i suoi colleghi e di solito non li frequenta, ma vive con gli amici e i collaboratori che realizzano i suoi film. Tra i registi ama Chaplin, Bergman, Orson Welles, Hitchcock, Eisenstein, Rossellini (secondo lui il solo ad aver fatto vero neorealismo) e Germi. Adora Totò, soprattutto quello dei film comici, non il *Totò distrutto da Pasolini*, affermazione che mi permetto di non condividere. Tra i nuovi registi salva soltanto Nanni Moretti, che ricorda Fellini per gli elementi autobiografici e fantastici, non certo per l'impegno politico che il grande riminese non ha mai coltivato. Moretti rende omaggio al maestro con *Palombella rossa*, realizzato come un personalissimo *Otto e mezzo*.

Fellini e i produttori

La cronica difficoltà a trovare produttori capaci di investire somme di denaro per i suoi progetti è un tormento che segna tutta la vita di Fellini. Per questo motivo tenta di creare una casa di produzione in compartecipazione con Rizzoli come la Federiz, ma il progetto non ha lunga vita, non produce molti film e contribuisce a far peggiorare i rapporti con Pasolini che si vede rifiutare la pellicola *Accattone*.

I rapporti tra Fellini e i produttori sono pessimi, perché i film del regista prevedono costose ricostruzioni in studio, a rischio sforamento budget. L'episodio più burrascoso delle vicende produttive si verifica durante la realizzazione del *Casanova*, il film più tormentato e impersonale di Fellini, ma anche uno dei più ricchi e sfarzosi. Il produttore Alberto Grimaldi afferma: "Fellini è peggio di Attila", di fronte a un regista che pre-

sociable, loves being in company of friends and take coffee breaks.

Chances are Fellini might be working with Ingmar Bergman on a two episode movie entitled Love Duet (Duetto d'amore), *but then again it all ends up in smoke just like one of those many projects on his 'undone' list. Bernardino Zapponi is the most disappointed of them all since the chosen episode was based upon* L'effeminazione, *a story by him written and published on* Playboy *magazine. Both Fellini and Zapponi even worked on a less tragic ending for the story, yet it was a doomed effort as we all know.*

Like said before, Fellini has nothing to do with his colleagues and avoids them for the most part. His true appreciation goes to Chaplin, Bergman, Orson Welles, Hitchcock, Eisenstein, Rossellini (in his opinion the only one who did true neorealism) *and Germi. Totò is one his favorite comedian actors ever, albeit not the* Totò brought down by Pasolini, *but let me disagree on this one . Among the young directors, he seems to only like Nanni Moretti, who has some autobiographic and fantastic elements in common with him, surely not when he comes to talking politics or social attitude. Moretti's personal homage to the maestro is* Palombella rossa, *to be reagarded as his own* Otto e mezzo.

Fellini and the producers

Fellini's chronic difficulty to find investors for his movies really had quite a clout on his life. He made a personal attempt with a production company called Federiz, in partnership with a powerful Italian publisher (Rizzoli), yet it did not last long, as many films were turned down and the whole bad vibe also negatively affected his personal relationship with

Fellini in una pausa sul set
de La dolce vita
1960

Fellini during a break
La dolce vita
1960

tende di ricostruire il mare e la laguna di Venezia a Cinecittà. Fellini risponde: "Il film è ormai disintegrato. Non vedo la possibilità di finirlo", ma nonostante scaramucce e reciproco scetticismo lo porta a termine. Casanova ha successo solo in Giappone, non è un buon affare per Grimaldi che rimprovera a Fellini di non voler andare negli USA a curare la promozione e di aver realizzato un *Casanova* troppo triste.

"Non c'era Papa abbastanza grande per Michelangelo. Non c'è produttore abbastanza grande per Fellini", afferma Renzo Rossellini.

Il paragone non pare azzardato. Il cinema di Fellini esige grandi spazi ricostruiti in studio, esposizioni pittoriche e gigantesche sculture da set. "Il mio cinema non è letterario né narrativo, è pittorico. La luce rappresenta l'essenza, lo stile, l'ideologia. Per me ogni film è la realtà immersa nella luce della memoria", afferma Fellini.

E la nave va è uno dei momenti più bassi della popolarità di Fellini regista, i suoi film mostrano un sensibile calo di pubblico, anche se la notorietà come personaggio è fuori discussione. Sembra che in Italia scemi all'improvviso la domanda di cultura e che per un certo tipo di cinema non ci sia più spazio. Fellini è autore costoso e i produttori non sono propensi a rischiare se non vedono la garanzia di un rientro economico. Alberto Grimaldi dimentica le polemiche sul *Casanova* e produce *Ginger e Fred*, film economicamente meno ambizioso, quindi meno rischioso, ma non meno importante di altri lavori. *Ginger e Fred* è *La dolce vita* degli anni Ottanta, solo semplicisticamente si può ridurre a un attacco contro il mezzo televisivo, perché è molto di più, è il racconto del

Pasolini, whose future masterpiece Accattone *was also put aside.*

Fellini's overall interaction with most of his producers was hitting rock bottom, mainly because of the way too expensive sets he wanted to build and all the overheads on top of the budget. The worst case was Casanova, *likely to have been Fellini's most tormented and impersonal movie as well as the most expensive and glitzy ever. Producer Alberto Grimaldi asserted: "Fellini is worse than Attila", while trying to confront the adamant director who wanted to replicate Venice and its laguna inside Cinecittà's studios. Fellini replied: "The film is falling apart now. I don't see much of a chance left to finish it", but besides tiffs and mutual skepticism, he managed to get it done.* Casanova *was a blockbuster in Japan only, not a good thing to Grimaldi who then rebuked Fellini for not wanting to go to the States on a promotional trip and for making a much too sullen rendering of* Casanova. *"There was no great enough Pope for Michelangelo. There's no great enough producer for Fellini", Renzo Rossellini had to say.*

It doesn't not sound redundant. Fellini's art needed large studio renditions, gigantic paintings and sculpures to be displayed on the set. "My cinema is neither literary nor narrative, it's rather pictorial. Light is the essence, the style, the ideology. A film to me represents reality plunged into the light of memory".

E la nave va *is one of his all time low moments as far as popularity; his movies attract smaller audiences, however he still is a celebrity. At this point in time, Italy seems more and more detached from any cultural offer, and the equation success-money is now the only bottom line when it comes to investing in the enter-*

Bacio in una pausa del film
La città delle donne
1979

A kiss while on a break,
La città delle donne
1979

come eravamo e del come siamo diventati. Non vi fidate delle bugie di Fellini che lo definiva *un filmetto*. Non lo è per niente.

Fellini, i critici e i festival

Fellini non parla ai giornalisti prima di aver terminato un film, è un suo punto d'onore, una posa che mantiene per tutta la vita, dando l'impressione di girare senza copione, improvvisando giorno dopo giorno. Una volta che termina un lavoro, invece, è molto disponibile a illustrare i motivi per cui compie una scelta e porta sul grande schermo una storia. La cordialità con la stampa e con i giornalisti televisivi che vengono a rendergli visita sono una sua caratteristica. Fellini è un asso nelle pubbliche relazioni, un uomo garbato, disinvolto, misurato, spiritoso, che non rinuncia mai alla battuta e non si lascia irretire da domande provocatorie.

Fellini legge tutte le critiche ai suoi film, si mostra molto contento quando le recensioni sono positive, così come se la prende parecchio per le stroncature. Telefona ai critici amici, li ringrazia e discute i difetti della pellicola. Non sopporta i critici nemici, soprattutto i prevenuti e quelli schierati politicamente, che gli rinfacciano la mancanza di impegno. Tra questi stima soltanto Goffredo Fofi per la sua brillante intelligenza, ma odia i critici paludati e intellettualoidi, gente che scrive giudizi incomprensibili in un italiano pedestre.

Non ama i festival e le mondanità, neppure le rassegne di cinema.

"Perché continuiamo a portare i nostri film ai festival?", dice dopo aver sofferto l'ennesima delu-

tainment industry. *Nevertheless, Alberto Grimaldi was able to leave the old grudge behind and produced* Ginger e Fred, *a fairly less expensive film, hence less risky, but not a bit less important than his previous ones at all.* Ginger e Fred *is* La dolce vita *of the 80s, a journey through who we were and what we have become. Only a too simplistic analysis would linger for much too long on Fellini's attack against television, there's so much more to it. Don't trust Fellini when he described it as a small-time movie, it is not.*

Fellini, the critics and the festivals

Fellini does not want to talk to the press before his film is finished, it's a matter of honor, a constant attitude all his life, sometimes giving the impression of shooting with no script or improvising day by day. Once done, he becomes very affable and sociable, willing to communicate his story. Fellini is great at PR, he always has a punch line and never lets annoying provocations get in the way. He likes reading all the reviews, showing appreciation when positive and total resentment if the opposite. He would call his friend critics to thank them and dicuss the film's flaws, while on the other hand he couldn't stand his enemies, mostly the politically biased and the prejudist who criticize his lack of social involvement. Among these, the one and only he respects is Goffredo Fofi for being a very brilliant mind, while his utmost contempt goes out to those fake and self-important intellectuals spewing incomprehensible sentences. No love for festivals and mondanity, nor for any other filmmaking related shows. "Why do we want to be part of these festivals?", he said after the umpteenth disappointment for another award denied. Show up at known festivals really bothered him and watch other people's

Fellini pensieroso sul set
di Amarcord
1973

A concerned Fellini on the
Amarcord set
1973

sione per un mancato riconoscimento. Partecipa alle rassegne come atti di presenza fastidiosi, anche perché ama fare il cinema invece di vederlo, soprattutto non è curioso di vedere i film dei colleghi e - a lavoro finito - neppure i suoi.

"Quando sono costretto a rivedere un mio film provo lo stesso fastidio di quando mi capita di scorgermi in una vetrina e di riconoscere quella figura vasta e stralunata. Provo anche una grande paura come se vedessi me stesso seduto sulla sedia di fronte", afferma.

Il 25 settembre 1983 si tiene un *Fellini's Day* a Rimini, una rassegna di tutti i film del regista, la mostra *Fellini della memoria* e un'esposizione di foto: *Tatarcord* (Ti ricordi). Il folto pubblico - oltre millecinquecento persone - si raduna in un Grand Hotel pavesato come il transatlantico Rex. Federico Fellini e Giulietta Masina partecipano in diretta alla trasmissione televisiva della domenica pomeriggio, il regista riceve in dono dalla città di Rimini una casa sul porto, ma è un regalo simbolico che non utilizzerà mai. Fellini quando torna a Rimini preferisce la sua stanza al Grand Hotel. La cerimonia è suggestiva, persino toccante, la città dimostra affetto nei confronti del figlio più grande, lui è imbarazzato, commosso, e ne approfitta per annunciare un film che non farà mai: *Mastorna*.

Negli ultimi anni della sua vita passa molto tempo seduto al Caffè Canova di Piazza del Popolo, legge giornali, incontra amici, scherza sul fatto che ormai fa parte del paesaggio.

"Sono diventato un monumento. Me ne sto qui, la gente mi vede, firmo autografi. Il sindaco dovrebbe darmi uno stipendio", dice.

movies wasn't anything he liked doing. That also applied to his own.

"When I have to watch one of my movies it's like when I happen to recognize my large and spaced-out features reflected in some window. It scares me, as if I'm staring at another myself sitting right in front of me", he asserted.

Fellini's Day took place in Rimini on 25 September 1983, a whole exhibition celebrating his films, pictures and more. As many as fifteen hundred people gathered at the Grand Hotel now resembling the translatlantic Rex. Federico Fellini and Giulietta Masina were also guests on a sunday afternoon live Tv show , and on top of it all, the director was even presented with a house on the port side by the town of Rimini, a symbolic gift that he actually never used. He rather liked his same old room at the Grand Hotel whenever back in town. A very suggestive and moving cerimony, a display of true love and affection extended also toward its greatest son. Fellini was so deeply touched and somehow emotionally stirred that, on such occasion, announced the making of a film that would never be: Mastorna.

His very last years, he'd spend much time sitting at Caffè Canova in Piazza del Popolo (People's Square), reading newspapers, meeting friends, and joking about being part of the sightseeing by then.

"I'm like a monument. I just stay here, people see me, and I sign autographs. The mayor should put me on his payroll".

Fellini was so appalled and disgusted by the modern world around him that he felt he did not belong to it anymore. Neither could he understand the young generations in addition to a toal aversion to traffic and television. His detached skepticism fully un-

Fellini è sgomento, disgustato, non si sente più in sintonia con il mondo che lo circonda, non comprende i giovani, odia il traffico e la televisione. Il suo atteggiamento disincantato e scettico viene fuori con prepotenza negli ultimi lavori: *Ginger e Fred* e *La voce della luna*, che rappresentano una sorta di testamento spirituale.

Fellini non sarebbe mai andato a un funerale come il suo, pieno di attori che non avrebbe mai chiamato per un suo film, di registi che non stimava e giornalisti che disprezzava. Ma questa è la vita…

folded in his last works: Ginger e Fred *and* La voce della luna*, which likely represented his spiritual testament. Fellini would definitely avoid a funeral like his own, full of actors he never called, directors he never liked and journalists he hated so much . Yet, that's life....*

Fellini posa con le alunne
nel film Amarcord
1973

*Fellini with the students
in Amarcord
1973*

Conclusioni

Federico Fellini è un intellettuale curioso del mistero, non ha una fede ma varie fedi, molte speranze, tante religioni. Ama il soprannaturale, la metafisica, le scienze occulte, la psicanalisi, resta scettico su tutto ma si lascia affascinare da magia, preti e cartomanti.

Fellini ammette debolezze e cambiamenti.

"Tutti cambiano e cambia il nostro punto di vista. Quella che non cambia, per me, è la curiosità, la voglia di vedere come ogni volta me la cavo di fronte a qualcosa di nuovo".

"Chi dice che un uomo di sessant'anni somiglia a se stesso quando ne aveva venti? Se i due si incontrassero non si riconoscerebbero".

Per questo esistono tanti Fellini e sono tutti veri. Il ragazzo che fugge dalla provincia e conosce Roma, l'amico di Fabrizi e frequentatore del varietà, il disegnatore di fumetti, il giornalista satirico, il giovane sposo di Giulietta, lo sceneggiatore e aiuto di Rossellini, la spalla di Lattuada e Germi, il regista agli esordi de *Lo sceicco bianco*, il narratore del passato de *I vitelloni*, il favolista de *La strada*, l'onirico regista in crisi di *Otto e mezzo* e via dicendo, pellicola dopo pellicola che ne hanno fatto un monumento del cinema italiano.

Conclusions

Federico Fellini was a peculiar intellectual, intrigued by mystery , with not one belief only but many, just like many were his hopes and religions. He loved almost everything about the supernatural, metaphysics, occult, psychoanalysis, although skeptical he was into magic, psychics and priests. He owned up to his weakness and changes.

"We all change and our points of view change too. Only my curiosity has never changed, it's challenging to see myself dealing with something new".

"Who says that a sixty-year-old is the same man he was at twenty? If they met, they wouldn't recognize each other".

That's why all the Fellinis we know are real. The guys who left his small town for Rome, Fabrizi's friend and stand-up comedy club goer, comic strip artist, ironic journalist, Giulietta's young groom, Rossellini's aide and set designer, Lattuada and Germi's sidekick, up and coming director of Lo sceicco bianco, *the narrator of* I vitelloni, *the storyteller of* La strada, *the oneiric director in distress of* Otto e mezzo *and so on, film after film until becoming the milestone artist of Italian cinema.*

Per approfondire

www.federicofellini.it – Fondazione Federico Fellini –biografia e approfondita bibliografia

Marco Bertozzi, Giuseppe Ricci e Simone Casavecchia
BiblioFellini - Fondazione Federico Fellini e Centro Sperimentale di Cinematografia

Angelo Arpa
L'Arpa di Fellini - Roma, Edizioni dell'Oleandro, 2001

Tullio Kezich
Fellini – Rizzoli, 1988

Tullio Kezich
Su la Dolce Vita con Federico Fellini - Marsilio, Venezia 1996

Tullio Kezich
Federico. Fellini, la vita e i film – Feltrinelli, 2007

Damian Pettigrew
Fellini: Je suis un grand menteur - Portrait & Cie, 2002

Giovanni Scolari
L'Italia di Fellini – Edizioni Sabinae, 2008

Filmografia

Luci del varietà (1950)
Lo sceicco bianco (1952)
I vitelloni (1953)
L'amore in città (1953) - segmento Agenzia matrimoniale
La strada (1954)
Il bidone (1955)
Le notti di Cabiria (1957)
La dolce vita (1960)
Boccaccio '70 (1962) - segmento Le tentazioni del dottor Antonio
8½ (1963)
Giulietta degli spiriti (1965)
Tre passi nel delirio (Histoires extraordinaires) (1968) - segmento Toby Dammit
Fellini Satyricon (1969)
I clowns (1970)
Roma (1972)
Amarcord (1973)
Il Casanova di Federico Fellini (1976)
Prova d'orchestra (1979)
La città delle donne (1979)
E la nave va (1983)
Ginger e Fred (1986)
Intervista (1987)
La voce della luna (1990)